AF444192

EL ORIGEN DEL LENGUAJE

Colección
J. M. Briceño Guerrero

JOSÉ MANUEL
BRICEÑO GUERRERO

Venezolano: Palmarito, estado Apur, 1929 - Mérida, 2014. Doctor en Filosofía y Filología; profesor de la Universidad de Los Andes, Mérida. Su obra ha sido merecedora del Premio Nacional de Ensayo en 1981 y del Premio Nacional de Literatura en 1996.

Es autor de *¿Qué es la filosofía?*, 1962, 1999, 2000, 2002 y 2007; *Dóulos Oukóon*, 1965, 2007; *América Latina en el mundo*, 1966, 2003; *Triandáfila*, 1967, 2007; *El origen del lenguaje*, 1970, 2002; *La identificación americana con la Europa segunda*, 1977; *Discurso salvaje*, 1980, 2007; *Europa y América en el pensar mantuano*, 1981; *Holadios*, 1984, 2007; *Amor y terror de las palabras*, 1987, 2007, 2009; *El pequeño arquitecto del universo*, 1990, 2006, 2011; *Anfisbena. Culebra ciega*, 1992, 2002; *L´enfance d´un magicien*; 1992; *El laberinto de los tres minotauros*, 1994, 1997, 2009, 2018; *Discours Sauvage*, 1994; *Diario de Saorge*, 1996; *Discours des Luminières*, 1997; *Esa llanura temblorosa*, 1998; *Matices de Matisse*, 2000; *Trece trozos y tres trizas*, 2001; *El Tesaracto y la tetractis*, 2002; *Mi casa de los dioses*, 2003, 2004, 2014; *Los recuerdos, los sueños y la razón*, 2004; *Para ti me cuento a China*, 2007, 2008, 2009; *Obra selecta*, 2007; *Tiempo*. Traducción del poeta chino Chiti Matyá, 2008; *La mirada terrible*, 2009; *Los chamanes de China*, 2010; *Recuerdo y respeto para el Héroe Nacional*, 2010; *Operación Noé*, 2011, *El garrote y la máscara*, 2012; *3 X 1 = 4. Retratos*, 2012; *Dios es mi laberinto*, 2013, 2015; *Cantos de mi majano*, 2014, 2015 y *El alma común de las Américas*, 2014, 2016. En 2014 se publicó el volumen I: *El laberinto de los tres minotauros* de la Biblioteca J. M. Briceño Guerrero, bajo el sello de Monte Ávila Editores, Venezuela.

EL ORIGEN DEL LENGUAJE

JOSÉ MANUEL BRICEÑO GUERRERO

ASOCIACIÓN CIVIL MAESTRO J. M. BRICEÑO GUERRERO

Colección
J. M. Briceño Guerrero

EL ORIGEN DEL LENGUAJE

© J. M. Briceño Guerrero

3ra edición,
Asociación Civil Maestro J. M. Briceño Guerrero, 2022
Colección J. M. Briceño Guerrero

© DE ESTA EDICIÓN
© Asociación Civil Maestro J. M. Briceño Guerrero
© Cristina Briceño de Fustec

© IMAGEN DE PORTADA Y CONTRAPORTADA
© www.pixabay.com

FOTO DE AUTOR
© Colección personal

COLECCIÓN AL CUIDADO DE
Cristina Briceño Fustec
Wilmer Zambrano
José Gregorio Vásquez C.

FOTO DE AUTOR
© Colección personal

CUIDADO DE LOS TEXTOS
Wilmer Zambrano Castro

DISEÑO DE LA COLECCIÓN
José Gregorio Vásquez C.

HECHO EL DEPÓSITO DE LEY
Depósito Legal: ME2022000021
ISBN: 978-980-7123-38-9

BIBLIOTECA J. M. BRICEÑO GUERRERO
Dirigida por Asociación Civil Maestro J. M. Briceño Guerrero
www.edicionesjb.com / www.asociacionjmbg.org

Reservados todos los derechos

La ciencia dispone en nuestro siglo de un imponente aparato metodológico, cuyos aspectos heurístico, etiológico y sistemático se caracterizan por un rigor lógico y una coherencia racional sin precedentes en la historia de la humanidad.

Pero las grandes preguntas del hombre son anteriores al método científico; mientras este es el producto histórico de un desarrollo cultural acaecido en Europa, aquellas surgen espontáneamente de las estructuras fundamentales de la condición humana, como musagetas universales y eternos de la reflexión, sea cual fuere el tipo de organización social y su grado de complejidad.

Las primeras respuestas, tal como han sido transmitidas por la tradición de todos los pueblos, se ofrecen al examen inicial como el ejercicio libre e ingenuo de la imaginación, no corregido por autocrítica alguna, ni guiado hacia resultados verificables, ni mucho menos constreñido por severidades epistemológicas. La mentalidad precientífica o, para hablar con mayor amplitud, no científica en el sentido occidental y contemporáneo del término, se satisface y complace en lujuriantes creaciones de la fantasía y no experimenta la necesidad de afinar sus recursos aléticos.

No hay, al parecer, puntos de contacto entre la florescencia mitopoyética de los pueblos llamados primitivos y el riguroso tratamiento que ciencia y filosofía suelen dar en nuestro tiempo a los grandes problemas del conocimiento. Sin embargo, un examen más profundo pone de manifiesto las semejanzas no solo en cuanto a la motivación, de antemano evidente, sino también en lo que respecta tanto al contenido nuclear de las explicaciones, como a la función psíquica de los resultados.

Tanto el mito como la ciencia y la filosofía son formas simbólicas, elevan la caótica experiencia inmediata al plano de la representación para organizarla y manejarla en función de necesidades humanas y con el recurso humano por excelencia: el signo en todas sus formas.

Ahora bien, entre las que más arriba hemos llamado «grandes preguntas del hombre», se encuentra la pregunta por el origen. Esta pregunta se despliega en abanico y desde sus múltiples extremos: origen de la técnica, origen de la religión, origen de la sociedad, origen del juego, origen de la música, origen de la poesía, origen del Estado, etc., se va concentrando para inquirir sobre el origen del hombre, el origen de las especies, el origen de la vida y el origen del universo.

Pero un aspecto de esta gran pregunta múltiple se distingue cualitativamente de los demás, de manera que no podemos compararlo con una de las varillas del abanico, sino más bien con la tela o papel semicircular que las une y con el eje que, atravesándolas en un extremo, les permite cerrarse o abrirse para cumplir su función instrumental. Este aspecto es el que interroga sobre el origen del lenguaje.

El lenguaje es el medio que hace posible la formulación de preguntas y respuestas. La estructura del conocimiento es lingüística. La estructura de la conciencia es lingüística. La estructura del razonamiento es lingüística. La estructura del mundo, tal como lo concibe y utiliza el hombre, es lingüística. El lenguaje es el lugar de lo humano, en él vivimos, nos movemos y somos.

Preguntar por el origen del lenguaje significa intentar un salto sobre la propia sombra, querer transgredir el «circulo no se pasa» del conocimiento humano. Sin embargo, es propio del hombre emprender imposibles.

Los que no han comprendido el carácter aporético de esta empresa se enredan en contradicciones de fondo y errores ingenuos. Los que lo han comprendido han tomado el camino de la mística en su intento por superar los límites cognoscitivos de la condición humana o han tratado de profundizar la aporía con el objeto de lograr una solución explosiva al problema viciosamente circular de convertir al medio en objeto, de mediatizar al mediador.

Pero el hecho mismo de formular la pregunta es ya trascendencia. Una trascendencia que podemos llamar negativa, pues al cobrar conciencia de sí misma siente vértigo ante la perspectiva de lo infinito y procura aniquilarse. La mente necesita salvaguardar su coherencia para poder cumplir sus funciones ordinarias en el ámbito de la cotidianeidad; no podría lograr esa finalidad si permaneciera abierta y sin fundamento; mantiene pues su inmanencia erigiendo, ante la permanente posibilidad de trascendencia, ilusorias respuestas que le permiten sostenerse, aunque no sea sino precariamente, para la eficacia pragmática.

Esas ilusorias respuestas forman parte de la estructura arquitectónica de las culturas; encajan armoniosamente en los esquemas de las culturas y de las culturas obtienen sus rasgos característicos, porque las culturas, en el sentido antropológico de la palabra, son los mundos del hombre.

Son ilusorias porque no responden; acallan; llenan provisoriamente el vacío revelado por la pregunta. Son precarias porque no pueden abolir realmente la posibilidad de trascendencia, sino que más bien la contienen, de manera que, por un lado permiten el uso económico de la energía mental para fines prácticos y, por otro lado, mitigan la aporía paralizándola en mito o ficción teórica de acechante latencia reprimida.

En la primera parte de este trabajo se considera el tratamiento dado por el mito al problema del origen del lenguaje. En la segunda, el de la ciencia occidental contemporánea. Difieren grandemente; pero difieren en la medida en que difieren las culturas donde surgieron; no los distingue el valor alético, sino la pertenencia a diversos esquemas culturales, la sujeción a idiosincrasias disímiles que imponen, cada una por su lado, unidad de estilo a la totalidad de sus creaciones haciendo que cada parte exista en función del sistema completo.

Hay homología funcional entre los mitos y las ficciones que la ciencia occidental llama teorías, como análogos son el hartazgo ritual de los antropófagos y la complicada etiqueta de los banquetes diplomáticos.

En la tercera parte, el enfoque del problema es filosófico.

Exploración mitológica del tema

Ante todo una leyenda maquiritare: «En aquella época Ua-nádi, hijo del sol y máximo héroe cultural, tenía la intención de crear los hombres para poblar la tierra, en donde tan solo vivían entonces los animales. Hizo a tal objeto una esfera milagrosa, hecha de piedra, la cual estaba repleta de gente diminuta todavía no nacida; desde dentro se oían sus gritos, sus conversaciones, sus cantos y sus bailes. Esta bola maravillosa se llamaba Fehánna».[1]

Tres niveles observamos en esta leyenda: el del sol, el del hijo del sol y el terrestre. La creación del hombre es obra del hijo, quien no tiene inconveniente en pasar de la intención al acto, pero trae primero a la existencia una especie de protohumanidad encerrada en una esfera de piedra. Por obra y gracia del hijo del sol, la esfera solar se ve repetida analógicamente en la esfera de lo humano.

Ningún símbolo tan adecuado como ese de la *Fehánna* para expresar el carácter unitario de la cultura. Todo está ence-

---

1   Marc de Civrieux, *Leyendas maquiritares*, Revista Memoria de la Sociedad de Ciencias Naturales de la Salle, Nº 56, tomo XX, mayo-agosto, 1960, p. 118.

rrado simultáneamente en ella: grito, lenguaje, canto y danza. Nos recuerda inmediatamente las esferas habitadas de Jerónimo Bosch y, con fuerza arquetípica, evoca las formas iniciales de la vida: semilla, óvulo, grano de polen.

El lenguaje, como el grito, la canción y el baile, es consubstancial con la condición humana y el todo se encuentra incluido en un todo mayor que lo trasciende. El mito reconoce la esfera de lo humano, completa en sí misma —la fehánna es la más perfecta de las formas geométricas; pero reconoce al mismo tiempo su limitación y la posibilidad de trascender—. El mismo mito es un acto trascendente, abandona la inmanencia esférica de lo humano para intuir su origen en la voluntad de una divinidad solar que, al ser concebida de manera antropomorfa, plantea la aporía genésica: es un maquiritare quien sueña este mito desde la bola maravillosa de su cultura y lo cuenta con recursos lingüísticos maquiritares enmarcados en la *Weltanschauung* de su pueblo. No está en desventaja con respecto a Parménides o Kant en cuanto a la profundidad de la intuición y los supera en belleza con esta pequeña joya literaria.

Gran parte de la más profunda especulación occidental sobre el origen del lenguaje no dice mucho más de lo que dice este mito, solo que utiliza recursos creados por la mentalidad occidental y adaptados a ella.

Mito de los abaluyia de Kavirondo: «Habiendo creado el sol y dándole el poder de resplandecer, se preguntó a sí mismo (Dios): "¿Para quién brillará el sol?". Esto llevó a Dios a la decisión de crear al primer hombre. Creen los bukusu que el primer hombre se llamaba Mwambu. Como Dios lo había creado de manera que pudiera hablar y ver, necesitaba alguien con quien pudiese hablar. En consecuencia Dios creó la primera mujer, llamada Sela, quien estaba destinada a ser la consorte de Mwambu».[2]

Este mito contiene dos intuiciones fundamentales; la una postula la necesidad del sujeto para la constitución del objeto, su correlato; es la misma que hizo exclamar a Zaratustra, después de diez años de meditación y soledad: «¡Oh tú gran astro! ¿Qué sería de tu dicha si te faltasen aquellos a quienes alumbras?»;[3] sabemos el papel esencial, indispensable del lenguaje en esta relación. La segunda intuición se refiere a la capacidad lingüística como condición previa a la comunicación humana; no surge aquella de esta sino que al contrario esta es impuesta por aquella. Significativamente, solo dos atributos de Mwambu, el primer hombre, se mencionan: ver y hablar, *aísthesis* y *logos*.

Iguales atributos se asignan al hombre en otro mito africano: «Habiendo puesto en orden el universo y creado, en el curso de sus viajes, la vegetación de los yermos, así como los animales, Mawu formó los primeros seres humanos con arcilla y agua… El hombre, creado de esta suerte, tenía que recibir la instrucción de los dioses. Cuando el orden de la creación se relaciona con la semana dahomeyana de cuatro días, se dice que el mundo fue puesto en orden y que el hombre fue formado el día *ajaxi*; al día siguiente, mioxi, la obra fue interrumpida, pero apareció Gu, quien había de ser el agente de la civilización. Al tercer día, *odokwi*, al hombre le fue dada la vista, el don de la palabra y el

---

2   Günther Wagner, *Ideas cosmogónicas y cosmológicas de los abaluyia de Kavirondo*, en *Mundos Africanos*, por diversos autores según el capítulo, introducción de D. Forde, Edit. Fondo de Cultura Económica, México, 1959, p. 65.

3   Federico Nietzsche. *Obras completas*, en cinco tomos, Edit. Aguilar, Buenos Aires, 1961, traducción de Eduardo Ovejero y Maury, tomo III, p. 243.

conocimiento del mundo exterior; y al último día, zobodo, le fueron dadas las habilidades técnicas».[4] Obsérvese que la adquisición de las habilidades técnicas es posterior al don de la palabra.

Más complicados y de mayor elaboración, los relatos antropogónicos del Popol Vuh expresan intuiciones de sumo interés sobre el origen del lenguaje en la génesis del hombre: «... Entonces los dioses se juntaron otra vez y trataron acerca de la creación de nuevas gentes, las cuales serían de carne, hueso e inteligencia. Se dieron prisa para hacer esto porque todo debía estar concluido antes de que amaneciera. Por esta razón, cuando vieron que en el horizonte comenzaron a notarse vagas y tenues luces, dijeron: "Esta es la hora propicia para bendecir la comida de los seres que pronto poblarán estas regiones". Y así lo hicieron. Bendijeron la comida que estaba regada en el regazo de aquellos parajes. Después dijeron oraciones cuya resonancia fue esparciéndose sobre la faz de lo creado como ráfaga de alhucema que llenó de buenos aromas el aire. No hubo ser visible que no recibiera su influjo. Este sentimiento fue como parte del origen de la carne del hombre...».[5] El lenguaje se nos aparece como atributo de los dioses, anterior a la creación del hombre, con una resonancia capaz de influir sobre todas las cosas existentes y hasta de formar parte de la génesis de la carne del hombre, como instrumento y material antropogónico.

Después de esta singular bendición, cuando las mazorcas de maíz morado y blanco estuvieron ya crecidas y maduras, «...los

---

4   Paul Mercier, *Les Fon de Dahomey*, en *Mundos Africanos*, por diversos autores según el capítulo, Introducción de D. Forde, Edit. Fondo de Cultura Económica, México, 1959, p. 326.

5   Ermilo Abreu Gómez, *Las leyendas del Popol Vuh*, Colección Austral, 2ª ed., Buenos Aires, 1951, p. 24.

14

dioses labraron la naturaleza de dichos seres. Con la masa amarilla y la masa blanca formaron y moldearon la carne del tronco, de los brazos y de las piernas. Cuatro gentes de razón no más fueron primeramente creadas así. Luego de que estuvieron hechos los cuerpos y quedaron completos y torneados sus miembros y dieron muestras de tener movimientos apropiados, se les requirió para que pensaran, hablaran, vieran, sintieran, caminaran y palparan lo que existía y se agitaba cerca de ellos. Pronto mostraron la inteligencia de que estaban dotados, porque, en efecto, como cosa natural que salió de sus espíritus, entendieron y supieron cuál era la realidad que los rodeaba.... Tuvieron poder para mirar lo que no había nacido ni era revelado. (*Dieron señales de que poseían sabiduría, la cual con solo querer, la comunicaron al cogollo de las plantas, al tronco de los árboles, a la entraña de las piedras y a la hoguera enterrada en la oquedad de las montañas*). Estos seres fueron Balam Quitzé, Balam Acab, Mahucutah e Iquí Balam».[6]

Con mayor plasticidad que el Génesis bíblico, el Popol Vuh nos presenta a los divinos alfareros trabajando para moldear y formar la parte física del hombre con masa de maíz, alimento fundamental de los indios y símbolo de todo alimento terrestre. Terminado el trabajo de alfarería, los dioses confieren al autómata (las figuras podían moverse) atributos humanos: pensar, hablar, ver, sentir, caminar, palpar, es decir, *logos*, *aísthesis*, *praxis*, es decir, pensamiento y lenguaje, percepción sensorial, acción deliberada. Obsérvese el orden, primero *logos* (pensamiento y lenguaje), después lo demás, como si postulara la primacía del verbo, su carácter de condición previa para la posibilidad de toda manifestación humana.

---

6   Ermilo Abreu Gómez, *óp. cit.*, p. 25.

Además, la condición humana implica el poder de aproximarse cognoscitivamente a la realidad (*como cosa natural que salió de sus espíritus, entendieron y supieron cuál era la realidad que los rodeaba*), no solo en lo que respecta al mundo sensible, sino también en lo que concierne al mundo inteligible, al aspecto de la realidad que solo se descubre al intelecto (*tuvieron poder para mirar lo que no había nacido ni era revelado*). También está el hombre capacitado para intervenir en los órdenes de lo real y, desde su comprensión, de acuerdo con sus intereses, mediante su voluntad activa, organizar y cambiar para convertir en mundo suyo al universo cargándolo de valores afectivos, interpretándolo, transformándolo en sistema comprensible. Todo ello de manera espontánea, en virtud del querer natural (*Dieron señales de que poseían sabiduría, la cual, con solo querer, la comunicaron al cogollo de las plantas, al tronco de los árboles, a la entraña de las piedras y a la hoguera enterrada en la oquedad de las montañas*).

«Cuando los dioses presenciaron el nacimiento de estos seres llamaron al primero y le dijeron: "—Habla y dinos por ti y por los demás que te acompañan: ¿qué ideas tienes de los sentimientos que te animan? ¿Es bueno y airoso tu modo de andar? ¿Ejercitas con gracia tu mirada? ¿Es justo y claro el lenguaje que usas? ¿En toda ocasión lo recuerdas bien? ¿Entiendes lo que aquí se dice y se sugiere?..." Al oír estas palabras los nuevos seres vieron que eran cabales sus sentidos y quisieron mostrar su agradecimiento. Para mostrarlo, Balam Quitzé habló, a nombre de los demás, de esta manera: "—Nos habéis dado la existencia; por ella sabemos lo que sabemos y somos lo que somos; *por ella hablamos* y caminamos y conocemos lo que está en nosotros y fuera de nosotros..."».[7]

---

7   *Ibid.* P. 26. El resaltado es nuestro.

Esta mítica conversación con los dioses describe el surgimiento de la autoobservación y la reflexión, acompañadas de crítica en función de valores estéticos, éticos y lógicos, para culminar en una aceptación agradecida de la condición humana, en una lúcida conciliación con la propia existencia, en un gozoso ejercicio de la función cognoscitiva. La mención especial del lenguaje, en pie de igualdad con el ser, el saber y el actuar, nos sume en asombro ante la poderosa intuición de los creadores de este mito, quienes comprendieron y reconocieron tan admirablemente el puesto esencial y central del lenguaje en el mundo del hombre.

«Pero ha de saberse que los dioses no vieron con agrado las consideraciones que de su propio saber hicieron, con tanta franqueza, los nuevos seres. Por eso los dioses conversaron entre sí: "—Ellos comprenden —dijeron— lo que es grande y lo que es pequeño y saben la causa de esta diferencia. *Pensemos en las consecuencias que puede tener este hecho en el ejercicio de la vida.* La energía de esa lucidez ha de ser nociva... Es preciso limitar sus facultades. Así disminuirá su orgullo... Si los abandonamos y llegan a tener hijos, estos, sin duda, percibirán más que sus abuelos y habrá un momento en que entiendan lo mismo que los propios dioses... Estamos a tiempo para evitar este peligro, que será fatal para el orden fecundo de la creación".[8] Luego durmieron a los cuatro machos y crearon a las hembras; al despertar los machos y al verlas, "para distinguirlas les pusieron nombres apropiados, los cuales eran de mucho encanto. Cada nombre evocaba la imagen de la lluvia según las estaciones".[9] Luego estos seres engendraron a otros "con quienes se empezó a poblar la tierra"».[10]

---

8   *Ibid.*, pp. 26 y 27. El resaltado es nuestro.
9   *Ibid.*, p. 27.
10   *Ibid.*

La reflexión excesiva practicada por un individuo cualquiera lo aleja necesariamente del hacer cotidiano. La división del trabajo permite que ese alejamiento de unos cuantos sea compensado por la labor de los otros; estos pueden proteger a aquellos y satisfacer sus necesidades materiales. Pero la dedicación colectiva al ejercicio reflexivo, *la energía de esa lucidez*, es necesariamente perjudicial para el *ejercicio de la vida y fatal para el orden fecundo de la creación*. Por eso, las leyes económicas de la vida, *los dioses*, para garantizar el florecimiento y reproducción de la humanidad, ponen en juego otras fuerzas que inclinan hacia la generación, la familia, la vida social, el progreso, la inmersión en los quehaceres propios del hombre como ente entre los entes de su mundo. Estas fuerzas están simbolizadas en el mito por las hembras, cuyos nombres, de origen humano, evocan la imagen de la lluvia según las estaciones, de la lluvia que alude a las oportunidades que la naturaleza fecunda ofrece al esfuerzo creador del hombre para heredar la tierra, para no ser en ella un exilado, prisionero del cuerpo. Las comunidades demasiado interesadas en la reflexión, con desprecio del mundo exterior y sus tareas, han terminado en la miseria, en teorías de destierro fundamental del hombre y en ilusiones metafísicas.

Al acercarnos a este mito sin arrogancia cientificista, encontramos en él una *Weltanschauung* completa, coherente, profunda, sabia y hermosa con un lenguaje a la altura de su originaria función hermenéutica de la existencia.

Lévi-Strauss refiere un gracioso cuento terreno sobre el origen del lenguaje: «Cuando hubo sacado a los hombres de las entrañas de la tierra, el demiurgo Orekajuvakai quiso hacerlos hablar. Les ordenó ponerse en fila, uno tras otro, y llamó al lobito para que los hiciera reír, el lobo hizo toda clase de monerías, se mordió la cola, pero en vano. Entonces Orekajuvakai hizo venir al sapito rojo, quien divirtió a todo el mundo con su manera cómica de caminar. La tercera vez que pasó a lo largo de la fila, los hombres comenzaron a hablar y a reír a carcajadas».[11]

El demiurgo Orekajuvakai no da por terminado al hombre mientras no lo haya hecho hablar, lo cual logra mediante una confrontación entre hombres y animales. Además de señalar la necesidad del lenguaje para la existencia del hombre como tal, este cuento terreno destaca un factor importante: la risa. Sabemos que la risa figura entre las expresiones características y exclusivas del hombre, y esta relación entre risa y lenguaje no es arbitraria ni accidental. Según Plessner, la risa es genéticamente anterior al lenguaje[12] y según Alverdes prepara para la comprensión lingüística.[13] En el libro de Singh y Zingg sobre niños-lobos (*wolf-children*), se cuentan hechos que acercan a la realidad las supuestas fantasías de Kipling en este punto; en ellos nos interesa señalar que los niños carentes de lenguaje por falta de contacto humano tampoco pueden reír.[14] En las formas apáticas de la oligofrenia, los pacientes, que no llegan al lenguaje, son incapaces de reír.[15]

En el poema cosmogónico y antropogónico de los guaraníes, el lenguaje es asunto de primerísima importancia nada menos que

---

11 Claude Lévi-Strauss, *Le cru et le cuit*, Edit. Plon, París, 1961, p. 131. (Trad. del Aut.). A este respecto véase también *Lendas dos indios Tereno*, RMP, n. S., vol. 4, 1950, p. 219.

12 Helmut Plessner, *Lachen und Weinen*, 2da, ed., 1950.

13 Friedrich Alverdes, *Die Tierpsychologie in ihren Beziehungen zur Psychologie der Menschen*, 1932, página 70.

14 Friedrich Kainz, *Psychologie der Sprache*, Enke Verlag, Stuttgart, 1960, 2º t., p. 146.

15 Friedrich Kainz, *óp. cit.*, pp. 586-587.

para el creador mismo: «El Creador, utilizando su vara insignia de la que hizo brotar llamas y tenue neblina, creó el lenguaje».[16] En la siguiente oración, que es una enumeración casi exhaustiva de los aspectos principales de la cultura (lenguaje, organización social, arte y religión), describe al lenguaje como esencia de lo humano y asienta su primacía sobre las demás formas culturales: «Este lenguaje, futura esencia del alma enviada a los hombres, participa de su divinidad, crea después el amor al prójimo y los himnos sagrados».[17] Al constituir la esencia del alma y participar al mismo tiempo de la divinidad, el verbo es el mediador entre Dios y los hombres; este hecho se ve reforzado por la creación de divinidades que le sirven de depositario: «Para formar un ser en el cual depositar el lenguaje, la divinidad, el amor y los cantos sagrados, crea a los cuatro dioses que no tienen ombligo y a sus respectivas consortes, que en el futuro enviarán a la tierra el alma de los hombres».[18]

Más adelante reitera, con atención especial y exclusiva, el origen divino del lenguaje: «Habiéndose erguido, de la sabiduría contenida en su propia divinidad, y en virtud de su sabiduría creadora, creó nuestro Padre el fundamento del lenguaje humano, e hizo que formara parte de su propia divinidad».[19]

En seguida afirma con singular énfasis que el verbo es anterior al mundo sensible y al conocimiento: «Antes de existir la tierra, en medio de las tinieblas primigenias, antes de tenerse conocimiento de las cosas, creó aquello que sería el fundamento del lenguaje humano e hizo el verdadero primer padre Ñamandú que

---

16   León Cadogan, *La literatura de los guaraníes*, introducción de López Austin, Edit. Joaquín Mortiz, México, 1965, p. 53.
17   *Ibid.*
18   *Ibid.*
19   *Ibid.*, p. 54.

formara parte de su propia divinidad».[20] Sabemos que el mundo sensible, tal como existe *para el hombre*, está mediatizado por el lenguaje, que el conocimiento tiene una estructura lingüística, contiene una interpretación de la experiencia y sostiene parámetros axiológicos que guían el juicio y la acción dentro de coordenadas proyectadas por la condición humana.[21] En este sentido es importante anotar que, en los mitos, no es infrecuente la concepción del caos primigenio como un estado prelingüístico de lo real; así por ejemplo, en el *Enuma elish*, grandiosa composición mítica aparecida en Mesopotamia hacia la primera mitad del segundo milenio antes de Cristo, se describe el caos acuático anterior al orden cósmico como un período. «Cuando al cielo arriba no se le había puesto nombre, ni el nombre de la tierra firme abajo se había pensado... cuando ningún dios había aparecido ni había sido nombrado con nombre».[22] Del caos surgen dos dioses y el mito dice de ellos: «Lahmu y Lahamu aparecieron y fueron nombrados».[23]

El mito guaraní se refiere luego a la motivación y al propósito que presidieron la creación del hombre: «Habiendo creado, en su soledad, el fundamento del lenguaje humano; habiendo creado, en su soledad, una pequeña porción de amor; habiendo creado, en su soledad, un corto himno sagrado, reflexionó profundamente sobre a quién hacer partícipe del fundamento del lenguaje humano; sobre a quién hacer partícipe del pequeño amor; sobre a quién hacer partícipe de las series de palabras

---

20   *Ibid.*
21   *Cfr.* José Manuel Briceño Guerrero, *América Latina en el mundo*, Edit. Arte, Caracas, 1966, pp. 63-106.
22   Thorkild Jacobsen, *Mesopotamia: The Cosmos as a State*, en *Before Philosophy*, libro por diversos autores según los capítulos, Pelican Books, Londres, 1954, p. 184. El nombre del mito, Enuma elish, consiste en las dos primeras palabras de la narración: *Cuando arriba*.
23   *Ibid.*, p. 185.

que componían el himno sagrado».[24] Es indudable que la necesidad de comunicación, tanto en menesteres técnicos como en amor y religión, es causa del lenguaje; el hombre solo puede vivir en comunidad portadora y creadora de cultura.[25] Por eso, en el mito, la tensión estilística y semántica, creada por los párrafos que acabamos de citar, se libera del siguiente modo: «Habiendo reflexionado profundamente, de la sabiduría contenida en su propia divinidad, y en virtud de su sabiduría creadora, creó a los Ñamandú de corazón valeroso, los creó simultáneamente con el reflejo de su sabiduría (el sol)».[26] No otra es la intuición de Platón cuando afirma que el sol tiene en el mundo sensible puesto análogo al que ocupa, en el mundo inteligible, la idea del bien, fundamento del *logos*.[27]

Después de la destrucción de la primera tierra (¿una civilización?, ¿un tipo de cultura?), «...inspiró a los verdaderos padres de las palabras almas el himno sagrado para que lo enviaran a la tierra».[28] Un himno sagrado, una inspiración unitaria sirve de fundamento a la vida de los nuevos hombres y mujeres. ... «Después de estas cosas, dijo a Jakaira Ru Ete: —Bien, tú vigilarás la fuente de la neblina que engendra las palabras inspiradas. Aquello que yo concebí en mi soledad, haz que lo vigilen tus hijos los Jakaira de corazón grande. En virtud de ello que se llamen dueños de la neblina de las palabras inspiradas».[29] Esta definición del hombre no es menos exacta que la griega[30] y sí más bella; el

---

24 León Cadogan, *óp. cit.*, p. 55.
25 *Ibid.*
26 *Ibid.*, p. 56.
27 Platón, *La república*, 509 b y d.
28 León Cadogan, *óp. cit.*, pp. 57-58.
29 *Ibid.*, pp. 61-62.
30 Ζῷον λόγον ἔχον = ente que tiene logos.

lenguaje es origen y actualidad de toda cultura, y el hombre su dueño, administrador y guardián.

Un prejuicio positivista, que encontró su primera y más célebre formulación en la «ley» de los tres estadios de Comte,[31] impidió, durante mucho tiempo, ver en el mito otra cosa que formas superadas de concebir y expresar la vida, manifestaciones ingenuas de una humanidad infantil. Un prejuicio teológico —*leider auch Theologie!*—[32] producto de siglos de incesante teodicea para hacer a la religión romana racionalmente aceptable, cerró casi por completo la posibilidad de comprender lo que *dios*, *divinidad* y *divino* significaban en el habla y la vida de los pueblos no occidentales. Un prejuicio psicoanalítico, más reciente que los otros y relacionado genéticamente con ellos, interpretó al mito como mensaje del subconsciente o inconsciente individual o colectivo, con sus temores ancestrales, instintos tanatofílicos, pasiones biológicas reprimidas y hasta enredos familiares. Un prejuicio cultural, alimentado por la arrogancia del poder que la superioridad técnica dio a Occidente en el mundo, menosprecia al mito como balbuceo incoherente de la mentalidad prelógica de pueblos «primitivos».

Contra todos esos prejuicios, afirmamos un principio hermenéutico que puede formularse de la siguiente manera: los autores de los mitos no eran menos capaces de reflexión que los filósofos y científicos occidentales, ni la ejercieron con menor intensidad o resultados menos valederos; al contrario, alcanzaron niveles que la investigación europea apenas comienza a

---

31 Isidore Auguste Marie François Xavier Comte. *Discurso sobre el espíritu positivo*, trad. de Consuelo Borges, 5ª. ed., ed., Aguilar, Buenos Aires, 1965, pp. 41-89.

32 Johann Wolfgang Goethe, *Faust*, I, monólogo inicial.

sospechar. Mientras se les mire desde afuera y desde arriba, condescendientemente, su verdadero valor permanecerá oculto. El método correcto consiste en profundizar e intensificar la propia reflexión central; cuando se llega al grado de lucidez que ellos lograron, el mito se hace transparente y se revela como creación poética de intención comunicativa, que utilizó los medios expresivos disponibles, medios diferentes de los nuestros porque diferentes eran sus circunstancias y diferente el estilo con que los manejó, medios eficientes porque establecieron ámbito de comunidad y vencieron la íntima alienación, llaga secreta de los adoradores del progreso y de la técnica. A esta comprensión puede seguir un intento de traducción, solo que esta no será accesible a los que no hayan reflexionado tan auténticamente como los autores de los mitos.

Es evidente que, para utilizar este principio hermenéutico y servirse de este método, es necesario respetar a los hombres que inventaron los mitos, sentir la participación común en la condición humana y cobrar consciencia de la igualdad y solidaridad ante el misterio. Esto es difícil para la mentalidad occidental, volcada en actitud instrumentalizante hacia el manejo pragmático del mundo.

Al escribir todo esto hemos pensado especialmente en los mitos cosmogónicos y antropogónicos y en el puesto que en ellos ocupa el origen del lenguaje. El muestreo mitológico que hemos sometido a examen nos entrega los siguientes resultados: El lenguaje es de origen divino (no es un invento, es un don), participó en la formación del hombre (sin lenguaje no hay hombre), participa en la constitución del mundo (las cosas comienzan a ser cuando son nombradas y su coherencia es la coherencia del sistema sígnico), está por lo menos en pie de igualdad con los demás rasgos específicos del hombre, existe independientemente del hombre pero este es su guardián y administrador. El orden jerárquico es: a) divinidad, b) lenguaje, c) hombre en el mundo. El lenguaje es mediador entre hombre y dios, hombre y hombre, hombre y mundo porque es común a todos; el lenguaje es la garantía única de comunicación.

La contaminación que resulta de la interacción cultural hace que los mitos pierdan altura, profundidad y coherencia. Consideremos, en este sentido, el pintoresco cuento siguiente, que tiene origen mestizo y carácter sincrético; en él el lenguaje aparece como el rescate pagado por un diablejo, para salvar su vida y recobrar su libertad, a la mujer que lo atrapó con invencible magia e intención asesina: «Los hombres, en un principio, no hablaban: tenían su grito, al igual que los toros tenían el suyo; al igual que los leones, que las gallinas, que los pájaros. Una vez, una bruja alcanzó a ver, en el medio de su fuego, a un diablito pequeño; velozmente lo apretó con una gran piedra; apagó el fuego, cavó una fosa circular y la llenó de agua para que su enemigo no pudiera escapar. Chillaba el diablillo, amenazante; la vieja, sorda, afilaba la punta de un hueso para ensartarlo. Chillaba más el diablillo: la vieja le mostraba la punta que iba quedando fina como su dedo. Volvió a gritar y a amenazar el prisionero. La vieja le hizo cosquillas con la punta de su hueso, en la parte que sobresalía de la piedra. Así siguieron largo rato hasta que la mujer terminó su tarea. Siguió implacable bajo los insultos hasta que cayó la noche y recordó que su marido volvería, que debía cocinarle y que no tenía fuego. Miró al diablo de reojo y el diablo la miró a ella amenazante. Apurada y nerviosa, tomó su hueso y le hizo un tajo en el cuero a su enemigo. Como este se vio perdido, le dijo que le hacía un trato: si ella lo liberaba le daría un don. La vieja pidió una prueba: los chillidos del diablejo se convirtieron en palabras. La vieja oía asombrada. Luego ella misma empezó a hablar. Liberó a su cautivo y el pacto se mantuvo.»[33]

Este delicioso cuento postula absurdamente la existencia de una sociedad humana ya organizada, con división del trabajo y adelanto técnico, pero sin lenguaje. La superficialidad de la intuición se pone de manifiesto cuando el cuento nos presenta a la vieja en diálogo con el diablejo antes de haber adquirido el don del lenguaje. Lejos estamos de la alta dignidad reflexiva que pone de manifiesto el Popol Vuh cuando, después de describir el caos inmóvil, silencioso y oscuro, afirma: «Entonces vino la palabra».[34] Lejos estamos de la estela rota que se encuentra ahora en el museo Británico, donde un faraón, hacia el año 700 antes de Cristo, copió el antiguo mito de sus ancestros sobre el dios Ptah (pensamiento y lenguaje), quien concibió, creó y dirige a todos los dioses, hombres, animales y demás seres vivientes, quien con el pensamiento de su corazón y el mandato de su lengua dio origen a todo lo corpóreo y a todo lo psíquico y a todas las cualidades de las cosas y a su ordenamiento y armonía.[35] Muy lejos, ciertamente, de aquel texto que recogió Preuss entre los indios

---

33 El segundo de una serie de cuentos sobre el origen del lenguaje, recogidos por la escritora argentina Alba Omil en la provincia de Santiago del Estero, departamento Pellegrini, República Argentina. Trabajo Inédito.

34 *Popol Vuh* o *Libro del consejo de los indios quichés*, versión francesa de Georges Raynaud, traducida al español por Miguel Ángel Asturias y J. M. González de Mendoza, Edit. Losada, S. A. Buenos Aires, 1965, pp. 12-13.

35 John A. Wilson, *Egipto en el pensamiento prefilosófico I. Egipto y Mesopotamia*, por varios autores, según los capítulos, traducción de Eli de Gortari, Edit. Fondo de Cultura Económica, 2ª ed., en español, México, 1958, pp. 79-87. Escribe Wilson: «En síntesis, podemos decir que los egipcios tenían conciencia de sí mismos y de su universo; y habían formulado un cosmos de acuerdo con sus propias observaciones y experiencias... Su mayor interés consiste en su primitivo intento de vincular la creación con los procesos del pensamiento y del lenguaje y no con una simple actividad física». *Ibid.*, pp. 86-87.

uitotos: «En el principio la palabra dio origen al Padre»[36]; texto que coincide y concuerda con los pasajes iniciales del Evangelio según san Juan.[37]

Sin embargo, el cuento de la vieja bruja y el diablejo contiene la aporía circular en que termina la *intentio recta* de la ciencia al enfocar el problema del origen del lenguaje. El enfoque científico ocupa la segunda parte de este trabajo.

36 Konrad Theodor Preuss, *Religión und Mythologie der Uitoto*, I 25 y ss., II 659. *Apud* Ernst Cassirer, *Mito y Lenguaje*, traducido del alemán por Carmen Blazer, Ediciones Galatea-Nueva Visión S.R.L., Buenos Aires, 1969, p. 54.

37 Juan I, 1-3: «En el principio era el Verbo, y el Verbo era con Dios, y el Verbo era Dios. este era en el principio con Dios. Todas las cosas por Él fueron hechas: y sin Él, nada de lo que es hecho, fue hecho».

El lugar sistemático de la investigación científica sobre el origen del lenguaje es la teoría de la evolución. Conviene, pues, trazar a grandes rasgos los perfiles del horizonte que sirve de fondo y referencia ubicatoria al contenido de este capítulo.

El término *evolución* sirve para designar la derivación natural de formas complejas de vida a partir de formas simples y elementales mediante progresivas variaciones, más o menos profundas, en el curso de las eras geológicas. En virtud de la fijación de esas variaciones en el patrimonio genético, los individuos de una especie determinada se diferencian de sus progenitores y constituyen una nueva especie, cuyos representantes, siguiendo el mismo proceso, pueden generar, a su vez, otra especie. Transformándose de esa manera, los vegetales y animales dan lugar a series filéticas en las cuales cada especie es un estadio de la evolución del linaje a que pertenece. En su ontogénesis, los animales superiores recapitulan la filogénesis y en su forma adulta conservan indicios de caracteres y órganos rudimentarios propios de niveles orgánicos inferiores.

Numerosos hechos comprobados por ciencias diversas encuentran explicación unitaria si se acepta la evolución de las especies animales y vegetales; pero dificultades de orden metodológico, agravadas por la divergencia conceptual acerca de los factores que producen y fijan las variaciones individuales,[38] de acuerdo con la diferente interpretación que cada pensador hace de los mismos hechos, han llevado a polimáticas y sutiles controversias que ninguna *instantia crucis* ha dirimido aún. El evolucionismo, en consecuencia, ofrece las formas más diversas.

Ya en los fragmentos de Anaximandro, Jenófanes y Empédocles se encuentran incoantes concepciones evolucionistas, y algunos consideran a san Agustín precursor del evolucionismo; pero el primer naturalista que formuló una teoría completa de la evolución fue Athanasius Kircher (1602-1680) quien postuló un número limitado de especies divinamente creadas y explicó su diversificación y multiplicación por el efecto combinatorio (Kircher era lullista) de cuatro causas, «*ex hoc quadruplici causarum complexu animalium numerus quasi in infinitum est actus*»,[39] lo cual en el sentido moderno del término, equivale a un verdadero evolucionismo polifilético. Conceptos evolucionistas se encuentran también en F. Bacon, G. C. Vanini, Leibniz, y en muchos pensadores del siglo XVIII francés, tales como B. de Maillet, P. L. de Maupertuis, D. Diderot y C. Bornet, pero especialmente

---

38   Adaptación al ambiente, tendencia íntima hacia la evolución (conato), transmisión directa del soma al germen o inducción paralela, selección natural y sexual, variación fortuita del plasma germinal (especialmente de la cromatina nuclear), variación súbita que deviene hereditaria (mutación), variación espontánea del idioplasma específico como fenómeno vital independiente de factores externos, idea directriz, psicoide, entelequia, virtud puesta por el Creador en los primeros seres vivos...

39   Athanasius Kircher, *Arca Noë*, Amsterdam, 1975, p. 94.

en Jean-Baptiste Pierre Antoine de Monet de Lamarck (1744-1829), fundador del evolucionismo moderno.

Para los fines de este lienzo de fondo baste enumerar diez de las formas que ha adoptado el evolucionismo a partir de Lamarck y algunos nombres de científicos y pensadores que con su trabajo han contribuido a diversificar y profundizar la cuestión: lamarckismo; neolamarckismo con Eimer Hyatt, Cope y muchos biólogos franceses; darwinismo; neodarwinismo con Wallace y Weismann; mutacionismo, bajo la influencia del concepto weismanniano, de ideoplasma y las observaciones del botánico holandés de Vries; teoría sintética, que intenta conciliar mutacionismo y darwinismo para resolver las dificultades de ambos y fue aplicada por G. G. Simpson a los datos de la paleontología; evolucionismo ecléctico con Osborn y A. C. Blanc; hologénesis con D. Rosa quien fundamenta su concepción en la de Karl von Naegeli; evolucionismo finalista, que varía según el sistema filosófico que le sirve de fundamento, con Claude Bernard, Schopenhauer, Cournot, Driesch, Rignano, Brachet, von Uexcküll, Bergson, Teilhard de Chardin, Sertillanges, Lecomte de Noüy, Leonardi...; evolucionismo teísta que intenta desesperadamente conciliar el concepto de evolución con la filosofía aristotélico-tomista.

La vulnerabilidad de esta teoría, sus bifurcaciones, oscilaciones y aberraciones no dicen contra su valor; una teoría es valiosa cuando ofrece una explicación provisional de los hechos que caen bajo su campo de acción, al mismo tiempo que permite comprobación o refutación experimental; su coherencia lógica proporciona el marco sistemático para el ordenamiento de los conocimientos ya adquiridos; su aplicación a comarcas de la realidad accesibles con los recursos heurísticos de la metodología científica le confiere poder expansivo en el aumento del conocimiento. Ese es el caso de la teoría de la evolución: pocas han sido tan fecundas, pocas han dado tan grande impulso a la investigación en las ciencias más dispares, sobre todo después de que Herbert Spencer (1866-1903) la generalizó para aplicarla a la psicología, la sociología y la ética, y abrió así las puertas a interpretaciones evolucionistas del universo todo.

Como es natural, la especie humana, según los evolucionistas, se desarrolló a partir de especies inferiores, y a ninguno de ellos escapó la importancia del lenguaje y la necesidad de explicar su aparición. Charles Robert Darwin (1809-1882) escribe: «Con razón se ha considerado esta facultad como una de las principales distinciones entre el hombre y los animales»;[40] luego hace concesiones al arzobispo Whately quien afirma con uso impropio del término *lenguaje*: «No es el hombre el único animal que se sirve del lenguaje para expresar lo que pasa en su espíritu (sic), y que pueda comprender más o menos lo que otro expresa»;[41] siguiendo la corriente al arzobispo, pone ejemplos de «lenguaje» animal: se refiere a los tonos distintos de los ladridos del perro domesticado, tono de impaciencia, tono de cólera, tono de gozo, tono de súplica..., pero termina por reconocer que el «lenguaje articulado» es privilegio del hombre.[42]

Darwin compara los sonidos de los cantos de las aves con el lenguaje humano y concluye, con Dainos Barrington a quien cita, en que esos sonidos no son más innatos en las aves que el lenguaje en el hombre, pues, según Darwin «sus primeros en-

---

40 Charles Darwin, *El origen del hombre y la selección en relación al sexo*, Bibl. Pluma de Oro, Franklin 2225, Buenos Aires, s/f., p. 31.
41 *Ibid.*
42 *Ibid.*

sayos de canto pueden compararse a las imperfectas tentativas que constituyen el balbuceo del niño»;[43] pero comprende la insuficiencia de esa explicación y, apoyándose en los trabajos de Hensleigh, Wedwood, Farrar, Schleicher y Max Müller, formula su propia tesis sobre el origen del lenguaje articulado: «...no me cabe duda de que el lenguaje debe su origen a la imitación y a la modificación, ayudada con signos y gestos, de distintos sonidos naturales, de las voces de otros animales y de los gritos instintivos del hombre mismo».[44]

Para robustecer su tesis, aduce la alta probabilidad de que gritos musicales de origen instintivo fueran imitados por el hombre mediante sonidos articulados, palabras, con el objeto de expresar emociones. Imagina un antiguo progenitor del hombre que, a semejanza de un mono del género de los gibones, usó copiosamente la voz para emitir cadencias musicales, las cuales, al progresar la evolución, se transformaron en signos: «Podemos deducir de analogías, generalmente muy extendidas, que esta facultad ha sido ejercida especialmente en la época de la reproducción, para expresar las distintas emociones del amor, los celos, el triunfo y el reto a los rivales. La imitación de gritos musicales por sonidos articulados ha podido ser el origen de palabras traduciendo diversas emociones complejas».[45]

Advierte, además, que las formas más próximas al hombre —entre las cuales incluye a los monos, los idiotas, los microcéfalos ¡¡¡y las razas bárbaras de la humanidad!!!— manifiestan una fuerte tendencia a imitar cuanto llega a su oído. «Comprendiendo a buen seguro los monos gran parte de lo que el hombre

---

43 *Ibid.*, p. 32.
44 *Ibid.*
45 *Ibid.*

les dice, y, en estado de naturaleza, pudiendo lanzar gritos que señalen un peligro a sus camaradas, no me parece increíble que algún animal simiano, más sabio, haya tenido la idea (sic) de imitar los aullidos de un animal feroz para advertir a sus semejantes precisando el género de peligro que los amenazaba. En un hecho de esta naturaleza, habría un primer paso hacia la formación del lenguaje».[46]

Sagaz pensador, Darwin comprendió que la imitación articulada de sonidos naturales, voces de otros animales y gritos instintivos propios con intencionalidad semántica suponía la existencia en el hombre de un nuevo tipo de inteligencia, capaz de manejar símbolos, cualitativamente diferente de la inteligencia subhumana; por eso, con encantadora ingenuidad, califica de *más sabio* al hipotético mono que tuvo *la idea* de imitar animales feroces para alertar a sus congéneres; pero sabe que no ha resuelto el problema con la postulación de un mono sabio *ex machina*: «El que los monos superiores no se sirvan de sus órganos vocales para hablar, depende, sin duda, de que su inteligencia no está suficientemente adelantada. Un hecho semejante se observa en muchas aves que, aunque dotadas de órganos propios para el canto, no cantan jamás.[47] Falta, pues, por explicar el aumento de inteligencia que convierte el grito en palabra articulada.

Valga una digresión para tomar aliento, pues llegamos al punto crítico de la tesis darwiniana: el que los monos superiores no se sirvan de sus órganos vocales para hablar dio tema a Lugones para un cuento magistral, *Yzur*, donde sostiene literariamente que los cuadrumanos poseían lenguaje, pero al ser ven-

---

46 *Ibid.*
47 *Ibid.*, p. 34.

cidos, oprimidos y esclavizados por el hombre, decidieron, en un «acto de dignidad mortal», «romper con el enemigo el vínculo superior también, pero infausto de la palabra, refugiándose como salvación suprema en la noche de la animalidad», de modo que el milenario mutismo de los antropoides no es sino «tradición petrificada en instinto».[48]

Confrontado, pues, con la necesidad de explicar el aumento de inteligencia que posibilita la construcción y el manejo de símbolos, Darwin recurre al efecto posible del uso de los órganos vocales sobre el desarrollo del cerebro y, consecuentemente, de la inteligencia; insiste en la importante conexión que liga «el uso continuo del lenguaje y el desarrollo del cerebro»;[49] pero Darwin no era un vulgar ideólogo cientificista: estaba más interesado en comprender que en convencer; por eso se dio cuenta de que el influjo del lenguaje en el perfeccionamiento de una *facultas signatrix* supone la existencia de esta: «Las aptitudes mentales han debido estar más desarrolladas en el primitivo progenitor del hombre que en ningún mono de los hoy existentes, aun antes de estar en uso ninguna forma del lenguaje, por imperfecta que se la suponga»;[50] vuelve así al mono sabio *ex machina*, de modo que incurre lamentablemente en una *petitio principii* al postular lo que quería explicar. El curso posterior de su pensamiento se fundamentó en un supuesto no justificado dentro del marco evolucionista: «...podemos admitir con seguridad que el uso continuo y el perfeccionamiento de esta facultad, han debido obrar a su vez en la inteligencia, permitiéndole y facilitándole el enlace de una

---

48   Leopoldo Lugones, *Yzur*, en *Las fuerzas extrañas*, Edit. Huemel., 4ª. ed., Buenos Aires, 1966, pp. 117-126.

49   Charles Darwin, *óp. cit.*, p. 33.

50   *Ibid.*

serie más extensa de ideas».[51] Podemos admitir, claro está, que una potencia semántica —la inteligencia teórica— explica el uso del «lenguaje articulado» y, también, que el uso continuo del lenguaje amplía y perfecciona la inteligencia; pero debió explicarnos primero cómo surge esa potencia semántica, tan diferente cualitativamente de las formas subhumanas de relación entre el individuo y su mundo.

El tono de Darwin, sin embargo no es dogmático; su poderosa intuición explora las dificultades del problema, subraya hechos, encuentra relaciones, sugiere soluciones posibles. Muchas de sus observaciones y aun sus errores han sido tema de fecundas investigaciones. Tomó consciencia de las interrogantes que plantea la relación entre el pensamiento y el lenguaje; para él, el pensamiento, el cálculo, las ideas ordinarias necesitan palabras o alguna otra forma de lenguaje, pues «... se ha observado que Laura Bridgman, joven sordomuda y ciega, en sus sueños hacía signos con los dedos»[52] , pero, aduciendo un ejemplo no menos dudoso y encantador, reconoce que «una larga sucesión de ideas vivas y mutuamente dependientes puede, a pesar de lo dicho, atravesar el espíritu sin el concurso de ninguna especie de lenguaje, hecho que podemos inferir de los prolongados ensueños que se observan en los perros».[53] Tampoco escapó a su consideración algo que se ha convertido en filón opimo de la investigación científica: los trastornos patológicos del lenguaje: «Las íntimas conexiones entre el cerebro y la facultad del lenguaje, tal como está desarrollada en el hombre, resaltan claramente de esas curiosas afecciones cerebrales que atacan especialmente la articulación, y

---

51   *Ibid.*
52   *Ibid.* (Sobre las relaciones entre pensamiento y lenguaje véase Briceño Guerrero, *óp. cit.*, pp. 71-88).
53   *Ibid.*

en las que desaparece el poder de recordar los sustantivos, mientras subsiste intacta la memoria de otros nombres».[54]

Darwin supo que las lenguas de pueblos «bárbaros» no son en modo alguno simples y no confirman, por tanto, en este punto, la tesis evolucionista de que las formas complejas se derivan de formas más elementales; pero rechazó toda interpretación creacionista de tal fenómeno: «...la construcción compleja de gran número de lenguas bárbaras no constituye en ningún modo una prueba de que sea debido su origen a un acto especial de creación».[55]

Si le faltaron argumentos, le sobró fe en el poder de la ciencia para confirmar su teoría: «Tampoco la facultad del lenguaje articulado es una objeción irrebatible a la creencia de que el hombre se haya desarrollado de una forma inferior».[56] La ciencia no lo ha defraudado del todo, pero no pudo, ni podrá seguirlo, debido a limitaciones metodológicas, en una invasión ilícita y absurda a las vertientes del problema que solo se abren ante la reflexión trascendental, cuya aporía le fue ajena.[57]

Esta consideración de la teoría de Darwin sobre el origen del lenguaje ha servido para lograr un contacto inicial con algunos aspectos del tema; sea este ahora estudiado con detenimiento.

---

54 *Ibid.* (Sobre patología del lenguaje, véase Friedrich Kainz, *Psychologie der Sprache*, 2º t., Ferdinand Enke Verlag, 2ª. ed., Stuttgart, 1960, pp. 267-351).

55 *Ibid.*, pp. 35-36.

56 *Ibid.*

57 *Vide infra: Discusión filosófica del problema*, en la tercera parte de este trabajo.

Guíe tal cometido el modelo usado por Alberto Merani en su *Psicología genética*. Según Merani, la característica neurológica primordial que distingue al hombre de las especies animales que lo preceden en su linaje filético, reside en el neopallium y se pone de manifiesto en tres rasgos principales: a) desarrollo progresivo de las áreas corticales especializadas que transforman las impresiones exteroceptivas en audición, vista y tacto con detrimento del olfato y su concomitante el gusto; b) desarrollo cada vez más acentuado de las áreas corticales motrices, de manera que los movimientos pueden ser más complejos y regulados con mayor precisión; c) amplísimo desarrollo de la región anterior del cerebro, del área prefrontal particularmente rica en fibras asociativas.[58]

¿Qué tiene que ver este triple desarrollo con el origen del lenguaje? Merani señala que los monos antropomorfos se caracterizan por pequeña altura del cráneo, inclinación acusada del eje de la región temporal, comisura interhemisférica amplia, área occipital saliente, estructura borrosa de la cisura temporal media, y que semejante constitución no permite el desarrollo del cerebro en las regiones parietal, temporal, y frontal, relacionadas con la función del habla y con el proceso de pensar.[59] No así los homínidos; estos se distinguen por la estación erecta y la adecuación de la mano al uso instrumental, con la oposición del pulgar y los delicados mecanismos de ajuste que de ello derivan. La marcha bípeda se ve facilitada por el hecho de que la columna vertebral se encuentra debajo y no en la parte posterior del cráneo, de modo que el eje de la cabeza presenta una oblicuidad no lejana de la vertical y es vertical en el *homo sapiens*; la cabeza

---

58   Alberto Merani: *Psicología genética*, Edit. Grijalbo, México, D. F., pp. 181-182.
59   *Ibid.*, p. 182.

queda así casi en equilibrio sobre la columna vertebral y, por lo tanto, la fuerza de las acciones musculares, necesaria para mantenerla en posición, es considerablemente menor; esto trae como consecuencia que la musculatura cervical —tan desarrollada en los cuadrúpedos para sostener la cabeza— se debilite y disminuya en el hombre, deje de comprimir las caras superior y lateral del cráneo y permita el crecimiento de este en todo sentido. Por otra parte, los ligamentos y articulaciones de los miembros posteriores pierden en el hombre la flexibilidad que tuvieron en sus antecesores arborícolas, pero ganan solidez y estabilidad para el mantenimiento en tierra firme, de tal manera que las manos quedan liberadas de la función de sostén y se convierten en instrumento de prensión exclusivamente, al convertirse en tales, liberan la boca de funciones prensiles; los músculos elevadores de las mandíbulas, al ser liberados de parte de su trabajo, se debilitan, disminuyen las tracciones que ejercen sobre la parte anterior del cráneo, donde se insertan, y permiten así que este crezca en altura y permita a su vez el crecimiento del cerebro, especialmente en los lóbulos frontales.[60]

Todo esto posibilita la formación de centros corticales relacionados con el habla y amplía el campo de acción del aparato fónico periférico; recuérdese que los monos no tienen zona de Broca y que en ellos el velo del paladar está muy cerca de la abertura de la laringe disminuyendo la resonancia bucal.[61]

Lo dicho hasta aquí se refiere a las premisas biológicas que hicieron posible la aparición del lenguaje; falta señalar las causas eficientes de su génesis. Merani las busca y las encuentra en el

---

60   *Ibid.*
61   *Ibid.*, p. 183.

nuevo modo de vida de los homínidos: «... el origen del lenguaje es social y paralelo al origen del pensamiento abstracto».[62]

El repertorio fónico de los homínidos primitivos, aunque mayor y más diferenciado que los sonidos difusos de los antropoides, se reducía a interjecciones y onomatopeyas. Pero, «... el sonido, sea interjección u onomatopeya, carece de valor representativo y de significación concreta, representando una consecuencia secundaria del estado orgánico que acompaña a la *praxis* o la *gnosis*, con lo que adquiere valor de expresión de las emociones»,[63] y, como apunta Rabaud categóricamente, «... expresar una emoción no es un medio de comunicación. El ruido que hace un individuo, o su agitación, puede excitar a otros y propagarse... Esto no es lenguaje».[64] El lenguaje propiamente dicho implica el uso deliberado de símbolos; el mono *más sabio* de Darwin[65] que alerta a sus congéneres no posee lenguaje.

«El sonido que produce el chimpancé frente a un peligro es una consecuencia de su actitud orgánica, que, a través de un reflejo incondicionado, despierta en el compañero idéntica actividad biológica del organismo, preparándolo por vía indirecta para la defensa. Los sonidos animales, premisa psicogenética de los estadios iniciales del lenguaje humano, no constituyen un lenguaje ni por su función ni por su estructura»,[66] pues, aunque tanto los sonidos fónicos de los animales como el lenguaje humano «... sirven para crear una relación entre el individuo y el medio que

---

62 *Ibid.*, p. 181.
63 *Ibid.*, p. 184.
64 Étienne Rabaud, *Journal de Psycologie*, XXVIII, 1931, p. 692.
65 *Vide supra*.
66 Alberto Merani, *Psicología genética*, pp. 184-185.

lo rodea», los separa «... el abismo de la manera de establecer la relación.[67]

¿Cómo se produce entonces, ¡por Darwin!, el salto sobre ese abismo? ¿Cómo se convierte el sonido, de medio de expresión espontánea de las emociones, en instrumento para designar intencionadamente los objetos, en lenguaje? La marcha bípeda y erecta sobre tierra firme, el empleo de la mano prensil (con esa tan admirable oposición del pulgar), el desarrollo neurocitoarquitectónico condujeron a una nueva forma de contacto social basada en la colaboración para el trabajo, un trabajo sin precedentes caracterizado por el uso de instrumentos. La coordinación de la *praxis* impuso la necesidad de multiplicar y diversificar los recursos fónicos para indicar el comienzo o el fin de un esfuerzo conjunto, para señalar la distribución de los papeles en una tarea compleja, para incitar a la participación y luego aumentar o disminuir su intensidad, para graduar los ritmos. En las condiciones del nuevo modo de vida y dado el desarrollo neurocitoarquitectónico las interjecciones y onomatopeyas dejaron de ser tales y fueron reproducidas deliberadamente, no ya como efecto secundario de estados orgánicos emotivos, sino como signos, pues la repetición había creado ya un nexo asociativo entre su emisión y el objeto o acontecimiento que la provocaba. «Psicobiológicamente, el proceso de la formación del lenguaje se explica como resultado de ligar en el cerebro un determinado sonido, que el individuo oyó o provocó durante la praxis, con el movimiento muscular de los órganos de la fonación; la imagen del objeto o cambio que provocó la reacción fónica, y el resultado de las consecuencias de la acción identificado con el sonido emitido».[68]

---

67   *Ibid.*, p. 168.
68   *Ibid.*, p. 186.

Así, desde el día en que un antropoide (¿más sabio?) «conservó el instrumento» y «con gruñidos de mayores matices llegó a comunicarse de manera más precisa con sus compañeros, la banda de simios perfeccionó poco a poco ese instrumento, modificó sus relaciones con el medio, creó una técnica rudimentaria, conceptos más abstractos y un lenguaje más rico, el grupo estuvo en los comienzos de la marcha que llevó a la sociedad actual».[69]

Pasando por alto, con buena voluntad, lo enrevesado de estas últimas frases y su dudosa sintaxis, no deja de sorprendernos que se atribuya a una banda de simios el perfeccionamiento de un instrumento, sobre todo cuando ya estábamos convencidos de que eran los homínidos quienes habían alcanzado ese logro; pero interpretamos que el autor los confunde intencionalmente, de manera metonímica, para hacer énfasis sobre la identidad del linaje evolutivo.

Según Delacroix —y es improbable que alguien ponga en tela de juicio su casi perogrullesca afirmación— «La adquisición del lenguaje reposa sobre una serie de operaciones mentales más complejas que las que regulan la comprensión de las situaciones elementales y la manipulación de los objetos».[70] Pero el modelo que estamos considerando contempla esa dificultad, pues explica la creciente complejidad y la progresiva especialización de las operaciones centrales y periféricas relacionadas con el lenguaje en base, por una parte, a las premisas biológicas ya descritas, y, por la otra, al trabajo social. Por ejemplo, las múltiples y veloces operaciones de análisis y de síntesis que efectúan aun en el más trivial intercambio lingüístico, nuestros aparatos auditivo y fóni-

---

69 *Ibid.*, p. 133.
70 Henri Delacroix, *En los umbrales del lenguaje*, en *Psicología del lenguaje*, por H. Delacroix et al. Edit. Paidós. Buenos Aires, 1952, p. 19.

co-motor, son el producto de un lento y largo proceso en el cual la praxis corrigió los errores, orientó los ensayos, y el éxito en la interacción social, en la coordinación de los esfuerzos, confirmó y fijó los aciertos. Visto así, el lenguaje es la máxima conquista de la sociedad humana, lograda heroicamente en milenaria epopeya, epopeya en el sentido literal del término, contra la oscuridad prerracional del instinto. Esta conquista social amplió los límites de la condición biológica del hombre desarrollando las posibilidades en ella latentes y desplazó el eje de la evolución hacia la dimensión de la cultura que tiene en el lenguaje su lugar y sus vehículos. Con relación al aspecto auditivo de semejante conquista, dice Delacroix: «La audición humana es un sentido intelectual y social superpuesto a la audición en bruto. La mayor parte del oído es para el hombre el sentido de las relaciones lingüísticas. Y es por ello que el oído refleja tan fácilmente los delirios de relación... El oído humano es obra humana: una conquista del hombre como lo prueban la música y la creación de un universo de sonidos; prueba tan decisiva como lo es la matemática en favor de la razón».[71]

El proceso de adquisición del lenguaje fue auxiliado por la herencia biológica, de manera que los logros de una generación no morían con ella. Sin embargo, debe quedar claro que los idiomas que hablamos no forman parte de la herencia biológica; han de ser aprendidos, forman parte de la herencia cultural: «El niño no habla espontáneamente como camina por imperio de la sinergia neuromuscular; aprende a hablar»,[72] pues «hablar es haber llegado a un grado determinado de maduración neurológica

---

71 *Ibid.*, p. 18.
72 Alberto Merani, *Mano, cerebro y lenguaje*, Imprenta Universitaria. Mérida, Venezuela, 1960, p. 55.

y de «*integración social* capaz de permitir la praxis y la *comunicación abstracta* de la misma».[73] Lo que se hereda biológicamente es un conjunto de características anatómicas y fisiológicas que facilitan la adquisición y el uso del lenguaje; baste un ejemplo: la movilidad suficiente del cartílago aritenoide de la laringe, que ni siquiera los primates presentan.[74] También auxilia la herencia psíquica, transmisora de funciones posibles adquiridas que se desarrollan al encontrar un medio con estímulos apropiados, en nuestro caso el medio social.[75]

Alves García refuerza el modelo explicativo del origen cuando afirma en tono clásicamente evolucionista: «La vida ontogenética reproduce el desenvolvimiento filogenético del lenguaje».[76] En su adquisición, individual del lenguaje, el niño vuelve a recorrer, en forma abreviada, las etapas del largo camino que su especie recorrió en milenios: gritos y sonidos difusos al principio, luego interjecciones, después onomatopeyas, al fin palabras articuladas, diálogo, discurso racional. «El grito del infante —que todavía no habla— es un reflejo respiratorio que expresa necesidades y emociones. En seguida el niño aprende a utilizar el grito para solicitar algo o defenderse... A la balbucencia como puro ejercicio motor, vocal, semejante a los demás movimientos lúdicos, siguen a los dos meses de edad los primeros fonemas indicadores de necesidades y estados afectivos... La visión y la audición guían entonces la imitación de sonidos y gestos... El lenguaje infantil es al principio interjectivo, en seguida imitativo u onomatopéyico. Hacia el décimo cuarto mes el niño

---

73   *Ibid.* El resaltado es nuestro.
74   *Ibid.*
75   *Ibid.*
76   José Alves García, *Trastornos del lenguaje,* traducido del portugués al español por Alberto Merani, Edit. Alfa, Buenos Aires, 1958, página 26.

comienza a emitir palabras imitadas e imperfectas que traducen preferencias, deseos o apetitos».[77] Después de una superposición o fusión conceptual de carácter sincrético, sigue un acrecentamiento analítico del vocabulario en la fase de los intereses glósicos.[78] Merani presenta la sucesión de estructuras en el niño en el siguiente orden: inteligencia práctica, conocimiento del lenguaje; este último en las siguientes etapas: afectiva (expresión de agrado, desagrado o necesidad), sintética, abstracta, función instrumental de la inteligencia, con un desarrollo paralelo al de la motricidad.[79] La conducta lingüística del niño es una versión estenográfica de la adquisición filogenética del lenguaje.

Terminemos la descripción del modelo explicativo utilizado por Merani con su formulación mínima: la posición erecta y la marcha bípeda del homínido, junto con el consecuente desarrollo instrumental de la mano y el aumento de la capacidad craneana, liberada la cabeza sobre el eje vertical del cuerpo de la presión de poderosas inserciones musculares, le abrieron una nueva forma de vida en sociedad, caracterizada por el uso de instrumentos. La nueva forma de vida en sociedad impuso necesidades que, gracias a las premisas biológicas favorables, condujeron a la creación paulatina del lenguaje bajo la verificación y el control continuos de la praxis. [80]

Al utilizar este modelo explicativo, Merani no se embriaga con la creencia de haber resuelto definitivamente el problema del origen del lenguaje; su entrenamiento científico lo aleja de todo dogmatismo; por eso reconoce con sobria prudencia: «Sin

---

77   *Ibid.*, pp. 16 y 55.
78   *Ibid.*
79   Alberto Merani, *Psicología genética*, p. 187.
80   *Cfr.* Merani, *Mano, cerebro y lenguaje*, pp. 54-55.

duda biólogos, antropólogos, sociólogos y psicólogos carecen de documentos sobre ese estadio primitivo del hombre, pero, a la luz de la reconstrucción a base de lo demostrado hasta hoy, es la hipótesis más plausible».[81]

La *hipótesis más plausible*. Una leve duda nos impide participar de todo corazón en el aplauso: la nueva forma de vida en sociedad ¿no presupone ya la existencia del lenguaje? ¿Puede concebirse una sociedad humana, por más primitiva que sea, sin lenguaje? La vida en sociedad y la praxis explican el desarrollo del lenguaje y de la inteligencia abstracta y su fecunda interacción, pero ¿explican también el paso del síntoma al símbolo, del sonido espontáneo a la palabra articulada, de la expresión de emociones a la intencionalidad semántica? Nuestra leve duda se convierte en confusión cuando nos encontramos con esta palmaria declaración del propio Merani: «*El lenguaje*, que manifiesta un desarrollo paralelo al de la motricidad y que presenta los mismos caracteres evolutivos de necesidad y de ejercicio, *crea un tipo netamente singular de medio ambiente: la comunidad humana o sociedad*».[82] ¿Qué? ¿El origen de la sociedad es lingüístico? ¿No habíamos quedado en que el origen del lenguaje es social?».[83] El lenguaje solo puede surgir en un tipo netamente singular de medio ambiente: la comunidad humana o sociedad; pero al mismo tiempo es el lenguaje quien crea ese tipo netamente singular de medio ambiente: la comunidad humana o sociedad. ¿Qué sutil dialéctica podemos invocar para salir de esta contradicción? ¿Se nos exige acaso el *sacrificium intellectus*? No cabe duda: Merani también sucumbió a las acechanzas del

---

81   Alberto Merani, *Psicología genética*, p. 133.
82   *Ibid.*, p. 175. El resaltado es nuestro.
83   *Vide supra*: nota N° 62.

46

mismo círculo vicioso en cuya circunferencia el pensamiento de Darwin se mordió la cola.[84]

Mutatis mutandis, el modelo usado por Merani es en esencia el mismo de Darwin y el mismo también que ha orientado hasta ahora toda la investigación científica sobre el origen del lenguaje. Uno de sus puntos más rémulamente frágiles está ubicado precisamente en la articulación clave de su estructura: en la concepción de que el lenguaje se formó, por decirlo así, a retazos, por acumulación de logros parciales, como costura apresurada de girones semánticos azarosamente arrebatados por el homínido, en su *struggle for life*, a la tiniebla del sonido animal. Semejante concepción sobre la formación del lenguaje tiene su origen, por una parte, en la compulsión sistemática de toda teoría con sus tendencias procústicas y supersimplificantes que disimulan la complejidad de la realidad estudiada para conservar la coherencia, intelectualmente cómoda, del esquema explicativo ya formulado; pero, por otra parte y sobre todo, en la falta de *reflexión segunda*, característica del enfoque rectilíneo de la ciencia, el cual, si bien cumple su cometido dentro del campo que le corresponde, deviene aberrante cuando transgrede sus límites al abocarse a los problemas metacientíficos del origen, los fines y los fundamentos.

Veamos el problema más de cerca, primero, capitulando y describiendo cuidadosamente las invariantes glotogónicas; segundo, recordando las notas esenciales del lenguaje humano; tercero, analizando los ensayos de explicación de la génesis lingüística.

Kainz llama invariantes glotogónicas a los más generales principios constructivos observables o inferibles, siempre presen-

---

84 *Vide supra*: nota N° 50.

tes en el surgimiento del lenguaje, hasta donde tal fenómeno se deja aprehender, y de los cuales puede suponerse que también participaron en la creación inicial del lenguaje.[85] Aclaramos que la expresión «hasta donde tal fenómeno se deja aprehender» alude a la adquisición del lenguaje por parte del niño, a las manifestaciones fónicas de los antropoides, a la creación de palabras basada en una interpretación simbólica de vocales y consonantes, a la estratificación genética que los estudios de patología del lenguaje permiten suponer, y las relaciones psicofísicas que la fonética, la psicofisiología del lenguaje y la lingüística comparada han puesto en evidencia.

Según Kainz el lenguaje surge, por una parte, de compulsiones expresivas (*Ausdruck Zwänge*) y, por la otra, de tendencias instintivas hacia la producción de impresiones en los demás (*Eindruckswirkung*). Estos dos grupos de causas dan lugar a dos invariantes glotogónicas, la expresiva y la impresiva. La primera abarca todos los chillidos, exclamaciones, alaridos y demás formas de grito que acompañan los estados de intensa agitación emotiva, así como las emisiones fónicas de carácter lúdico que se producen en situaciones de seguridad y comodidad. La segunda comprende todo sonido vocal que tienda a influir sobre la actitud de los otros y contenga en sí los medios de cambiarla y dirigirla. La primera es endógena porque resulta espontáneamente de la constitución individual; la segunda es exógena en la medida en que sus productos fónicos se sirven de modelos naturales aunque no se trate de una imitación intencional y deliberada. No se encuentran en el mismo estrato genético: la primera es refleja, la segunda instintiva.[86]

---

85 Friedrich Kainz, *óp. cit.*, p. 292.
86 *Cfr. Ibid.*, pp. 292 y 296.

Hay también emisiones fónicas reflejas que no resultan de la agitación afectiva ni tienen carácter lúdico; son las que acompañan a diversas actividades corporales; durante la ejecución de movimientos de todo el cuerpo o de alguna de sus partes, se producen movimientos concomitantes reflejos en los órganos de la articulación. Pillsbury y Meader observaron que durante el levantamiento de objetos pesados, por ejemplo, y también durante la comida, ciertas oclusiones de la boca producen compresiones de aire que, al ser liberado da lugar a ruidos fricativos y explosivos.[87] Estos movimientos articulatorios concomitantes sirven para explicar, entre otros, el fenómeno de la *to-deixis* (de τὸ δεῖξις), descubierto por la lingüística comparada y que consiste en la presencia casi universal de una consonante dental en los demostrativos: el ademán de la mano que señala va acompañado por un avance reflejo de la lengua.[88]

Kainz subraya con especial énfasis el hecho de que las emisiones fónicas, recién descritas bajo el nombre de invariantes glotogónicas, presentan notables diferencias de tono, intensidad y duración de acuerdo con el tipo de agitación afectiva, la clase de esfuerzo corporal o el objeto externo que las provoca. El grito de terror y el de cólera agresiva son diferentes; los sonidos vocales concomitantes al salto y al levantamiento de pesadas cargas no son iguales; la proximidad de un rinoceronte enfurecido y el descubrimiento repentino de una serpiente entre las zarzas no producen la misma reacción vocal. El llamado sexual y la algazara lúdica se distinguen fácilmente.[89]

---

87   Walter B. Pillsbury y Clarence L. Meader, *The Psychology of Languaje*, 1928, p. VI, apud Kainz, *óp. cit.*, pp. 276-277.
88   *Cfr.* Kainz, *óp. cit.*, p. 271.
89   *Cfr. Ibid.*, p. 282.

Esta riqueza en diferenciaciones modulatorias que corresponden *constantemente* con estados de agitación afectiva y movimientos del cuerpo bien determinados, la especializada relación fónico-orgánica, permite discernir y definir dos sistemas: el uno expresivo, el otro impresivo; pero sin olvidar que la frontera práctica entre ambos nunca es clara, pues los sonidos correspondientes al segundo están cargados de afectividad y los pertenecientes al primero tienden a difundirse entre los demás individuos en virtud de un fenómeno de resonancia psicoafectiva basado en el isomorfismo constitucional de la especie.[90]

Debe recalcarse con toda fuerza que la comunicación lograda por medio de los sistemas impresivo y expresivo de sonidos vocales no tiene nada que ver con signos convencionales ni con intencionalidad deliberada. Es un fenómeno que se explica, de un lado, por la resonancia psicoafectiva que acabamos de señalar, y, del otro, por el auxilio empráctico de la situación en que se encuentran los comunicantes y el refuerzo de los movimientos expresivos no fónicos.[91]

Otra invariante glotogónica, más compleja que las anteriores y correspondiente a un estrato genético más reciente, es la onomatopeya, cuyas raíces no están en la imitación consciente y deliberada, sino en la adaptación inmediata y espontánea de los órganos articulatorios a la impresión causada por los objetos. Hay onomatopeya cuando una impresión acústica es reproducida con recursos vocales; pero esa reproducción, según Wundt, no resulta de una semejanza buscada, es lograda por movimientos impulsivos de los órganos vocales.[92]

---

90   *Cfr. Ibid.*, p. 272.
91   *Cfr. Ibid.*, pp.272-273.
92   Apud Kainz, *óp. cit.*, p. 296.

En estrecha relación con la onomatopeya está la metáfora fónica que surge cuando sensaciones ópticas o de origen cinético (el relámpago, el resplandor de la luz, el fluir del agua, el reptar ondulado de la serpiente, etc.) se traducen en emisiones fónicas.[93]

Se habla de simbolización vocal cuando las emisiones vocales son utilizadas con modulaciones casi musicales del tono para sugerir estados de ánimo.[94]

En ninguno de estos casos puede hablarse de signos convencionales; la comunicación se logra en virtud de la resonancia afectiva, los productos fónicos arrancan de una articulación espontánea.

Hemos descrito las invariantes glotogónicas que están presentes activamente en el lenguaje humano actual, no solo durante su aprendizaje sino también como fuente permanente de nuevas creaciones verbales, y de las cuales puede suponerse que también participaron en la creación inicial del lenguaje.

Nótese que, en momentos de gran agitación emocional, no es infrecuente que una persona quede lingüísticamente reducida a gritos reflejos e instintivos. Nótese también que trastornos patológicos o de origen traumático pueden producir la misma reducción por largos lapsos o en forma permanente.

Recordemos ahora las notas esenciales del lenguaje humano; ante todo, el calificativo *humano* es redundante. Corrientemente se usa la palabra *lenguaje* en un sentido muy amplio, de manera que resulta posible hablar del *lenguaje* de las flores, del

---

93 *Ibid.*, p. 295.
94 *Ibid.*

lenguaje de los pañuelos, del *lenguaje* de los animales. Pero el lenguaje propiamente dicho, prerrogativa del hombre, es un sistema de signos que pueden nombrar, describir y narrar cosas, estados de cosas y acontecimientos del mundo exterior o sus reflejos en la conciencia; además, estados y procesos de la vida interior, es decir, comunicarlos representativamente a una conciencia receptora. Descartando como inverificable e inverosímil la audaz teoría de que el lenguaje escrito precedió históricamente al oral, puede afirmarse que esos signos tienen primordialmente un carácter fonético y resultan de la articulación de la voz humana, siendo susceptivos de fijación gráfica.[95]

Los signos lingüísticos poseen la capacidad de indicar y nombrar en una escala inaccesible a otros sistemas. El lenguaje puede utilizar y utiliza ampliamente las ayudas que la situación en que se encuentran los hablantes suministra a la comprensión, pero no depende de ellas, es capaz de narrar y describir prescindiendo de esa situación. El lenguaje combina valores de signo y valores posicionales: es un sistema biclásico de factores lexicológicos y sintácticos. Su simbolismo no es global, sino articulado; no lo caracterizan unidades de comprensión, sino la productiva combinación de elementos.[96]

Toda lengua dispone de un campo deíctico y de un campo simbólico; mediante la deixis puede referirse a una situación perceptiva inmediata o a una situación imaginaria, mediante el símbolo puede evocar y utilizar todo el haber representativo y conceptual de los interlocutores.[97]

---

95   *Vide*: J. M. Briceño Guerrero, *óp. cit.*, p. 63.

96   *Vide*: *Ibid.*, p. 67, y Kainz, *óp. cit.*, t. I, página 80.

97   Karl Bühler, *Das Strukturmodell der Sprache*, Travaux du Cercle Linguistique de Prague, 1936, pp. 1 y ss. Además, Kainz, *óp. cit.*, tomo I, p. 82.

Con un lexicón limitado, el lenguaje puede expresar todas las vivencias humanas, o, en el caso de lo inefable, por lo menos sugerirlo. Ninguna palabra nombra a ente real alguno individualmente. A conceptos se refieren los sustantivos y es mediante atributos y recursos similares como se logra la aproximación al ente singular cuando la necesidad, el interés o el afecto reclaman la individualización de entes que el pensamiento y el lenguaje tratan en general, abstractamente, con cierto frío desapego hacia las diferencias particulares. La limitación del vocabulario hace que casi cada palabra sea portadora de varios significados a veces muy disímiles, que pueden multiplicarse por ampliación metafórica. La indeterminación de la palabra aislada desaparece generalmente en el discurso gracias al influjo selectivo del acento, los atributos, las combinaciones, etc., pero sobre todo del sentido general y la situación que este penetra. El sistema de signos llamado lenguaje puede operar adecuadamente con signos ambiguos y lograr inequívoca claridad en los mensajes; es más, puede servirse de esa ambigüedad misma, cuando así le conviene al operador, en actividades lúdicas, estéticas o diplomáticas.[98]

Agreguemos las características del signo lingüístico en tanto que *signo*: su creación no exige conexiones reales entre significante y significado, de manera que puede calificarse, en referencia a este aspecto, de *arbitrario*; lo anterior posibilita su importantísimo valor económico, pues estados de cosas sumamente complejos y enrevesadas operaciones conceptuales pueden ser indicados, representados y manejados con la ayuda de signos sencillos fijados convencionalmente; lo que Karl Bühler denomina *äbstraktive Relevanz*,[99] o sea el hecho de que cuando

---

98   *Vide*: Briceño Guerrero, *óp. cit.*, pp. 68-70.
99   Karl Bürler, *Die Axiomatik der Sprachwissenschaft*, en *Kantstudien* 38, 1933, pp. 19 y 55.

un *concretum* se usa como signo, no interviene su totalidad en esa función, sino uno de sus aspectos; así, lo importante en los números persas (erróneamente llamados arábigos), como signos gráficos, es cierta configuración o *Gestalt*; para que sean usados y comprendidos como tales, resulta indiferente que sean escritos a mano o a máquina, sobre papel o sobre arena, con tinta o con humo, por un torpe principiante o por un experto calígrafo, siempre y cuando la configuración se mantenga dentro de sus límites de variabilidad. Por último, *la fácil repetibilidad*: no todo material es igualmente apto para convertirse en vehículo de significación; además de estar ligado constantemente con lo significado, el cuerpo del signo debe prestarse a la repetición indefinida y su manejo no debe exigir enormes dispendios energéticos.[100] En este sentido, ningún signo puede superar al signo fónico.

Al referirnos definitoriamente al lenguaje en su condición de sistema de signos, lo hemos considerado como *ergon*; ese es su lado objetivo: un conjunto unitario de estructuras fonológicas, morfológicas, sintácticas y léxico-semasiológicas que se ponen de manifiesto en el uso lingüístico y están presentes en los productos gráficamente fijados de este. Pero podemos acercarnos también al lenguaje desde su ángulo subjetivo y considerarlo como *enérgeia*; desde este punto de vista, el lenguaje es una actividad psicofísica que se sirve del sistema de signos ya descrito, con el objeto de expresar estados de ánimo, influir en la conducta de los otros y transmitir informativamente contenidos intelectuales de índole conceptual.

La definición que acabamos de formular implica ya una toma de posición sobre las funciones del lenguaje, o, al menos,

---

100 *Vide*: Briceño Guerrero, *óp. cit.*, pp. 66-67.

sobre sus funciones primarias y dialógicas, aunque deja de lado las funciones primarias monológicas y las secundarias. Tal reducción basta y sobra para los fines de este trabajo, pues quien logre explicar el origen de las funciones primarias y dialógicas del lenguaje, explicará *a fortiori* las primarias monológicas y las secundarias.

La concepción del sistema de signos lingüísticos como *organon*, instrumento comprensible a partir de las tareas que realiza, arranca de Platón[101] y ha dado lugar en tiempos modernos a profundos estudios que intentan determinar las funciones del lenguaje. En algunos de esos estudios prevalecen tendencias singularistas, no en el sentido de que reconozcan al lenguaje solo una función, sino en el sentido de que asignan a una u otra de ellas la primacía absoluta. Así, Darwin[102] y Croce[103] representan un singularismo expresivo, Marty[104] y Wegener[105] un singularismo de la función imperativa coordinadora de la acción, mientras fenomenólogos como Dempe[106] en adhesión a la lógica lingüística de Bolzano[107] asignan un papel central a la función indicativa e informativa.

101 Platón, Cratilo, 388 b-13 y C-1, Platonis Opera, Biblioteca Oxiomiensis, Tomo I, Tetralogía II, Reedición de 1956.

102 Charles Darwin, *The Expresión of the Emotions in Man and Animals*, Londres, 1872.

103 Benedetto Croce, *Estetica come Scienza dell'espressione e linguistica generale*, Bari, 1902.

104 Anton Marty, *Uber den Ursprung der Sprache*, Würzburg, 1875; *Untersuchungen zur Grundlegung der allgeneinen Grammatik und Sprachphilophie*, I, Halle, 1908; *Zur Sprachphilosophie*, Halle, 1910.

105 Philipp Wegener, *Untersuchungen über die Grundfragen des Sprachlebes*, 1885.

106 Hellmuth Dempe, *Was ist Sprache?*, 1930; Die Darstellungstheorie der Sprache, Indogermanische Forschung 53, 1935.

107 Bernard Bolzano, *Wissenschaftslehre*, Sulzbach, 1837.

Para corregir la violencia monista de estos singularismos con su parcialidad y su falta de sistema, han surgido dualismos y pluralismos. Según los dualistas, Th. W. Danzel[108] por ejemplo, el lenguaje tiene dos funciones primarias: expresión y comunicación; el que habla o bien da salida a sus vivencias o bien transmite pensamientos. Runsel,[109] Maier,[110] Jaberg[111], Dittrich[112], y Vossler[113] sostienen la misma tesis con leves variantes, aunque el último tiende a preferir el aspecto monológico expresivo. Horn establece la antítesis actividad expresiva -actividad finalista,[114] y para Martinak el lenguaje es, por una parte, movimiento expresivo involuntario, y, por la otra, expresión de la voluntad.[115]

Pluralista es una teoría cuando reconoce en el lenguaje más de dos funciones irreductibles. Schingnitz las define como objetivaciones de los datos inmediatos de la percepción y de las vivencias, y las clasifica en tres categorías: la forma subjetiva intrapersonal o monólogo, la subjetivo-objetiva interpersonal o diálogo y la forma puramente objetiva extrapersonal de la fijación gráfica en la escritura.[116] Schwarz propone cuatro fun-

---

108 Theodor Wilhelm Danzel, *Prinzipien und Methoden der Entwicklungspsychilogie*, en *Handbuch der biologischen Arbeitsmethoden*, editado por Abserhalden, Div. VI, Parte C, Cuaderno 2, 1921, página 98.

109 Georg Runze, *Die Bedeutung der Sprache für das wissenschaftliche Erkennen*, discurso publicado por la Sociedad Filosófica de Berlín en su *Cuaderno* Nº 11.

110 Heinrich Maier, *Psychologie Des emotionalen Denkens*, 1908.

111 Karl Jaberg, *Sprache als Äußerung und Sprache als Mitteilung*, en Arch. F.d. *Studium der neueren Sprachen und Literatur* 136, 1917, 99.84 y ss.

112 Ottmar Dittrich, *Die Probleme der Sprachpsychologie und ihre gegenwärtigen Lösungsmöglichkeiten*, 1913, p.

113 Karl Vossler, *Sprache Als Schöpfung und Entwicklung*, 1905.

114 Wilhelm Horn, *Sprachkörper und Sprachfunktion*, 2a. ed., 1923.

115 Eduard Martinak, *Psychologische Untersuchungen zur Bedeutungslehre*, 1901.

116 Werner Schingnitz, *Terminologie und Definition*, Jahrbuch für Philosophie, 2, 1927, pp. 237 y ss.

ciones: anuncio, significado, denominación y comunicación.[117] Gerber distingue en el lenguaje tres aspectos: arte, comunicación y conocimiento.[118]

Kainz, a quien debemos nuestro conocimiento de la historia de esta problemática y de su estado actual, rechaza todas esas clasificaciones porque no responden a una concepción sistemática y por tanto mezclan las funciones primarias con las secundarias, las monológicas con las dialógicas, y propone una clasificación tripartita fundamentada en la también tripartita clasificación que la psicología hace de las funciones psíquicas.[119]

Ya Bühler había distinguido en forma sistemática tres funciones de acuerdo con los tres factores elementales del comercio lingüístico: hablante, oyente, objeto comunicado; si el interés principal de la actividad gravita sobre el hablante, la función es expresiva; si gravita sobre el oyente en el sentido de un intento por dirigir su conducta, la función es imperativa; si gravita sobre el contenido de la comunicación, la función es informativa.[120] Pero llamaba síntomas a los signos lingüísticos que sirven la primera función, señales a los que sirven la segunda y símbolos los que sirven la tercera, olvidando que los signos lingüísticos son en todo caso símbolos y confundiendo así la función con su instrumento. Su clasificación adolece además de vacilaciones terminológicas.

Es Kainz quien ha logrado integridad sistemática con la clasificación de las funciones lingüísticas en primarias dialógi-

---

117 Hermann Schwarz, *Die verschiedenen Funktionen des Worts*, Zeitschrift für Philosophie und philosophische Kritik, 132, 1908, pp. 152 y ss.
118 81 Gustav Gerber, *Die Sprache und das Erkennen*, 1884.
119 Friedrich Kainz, *óp. cit.*, Tomo I, pp. 172-179.
120 Karl Bühler, *Das Strukturmodell der Sprache*, etcétera.

cas (*Kundgabe, Auslösung, Bericht*), primarias monológicas (*Aus-druck, innere Appell, Denkhilfe und Bewusstseinstütze*) y secunda-rias (estética, ética, mágico-mítica y lógico-alética).[121]

La primera función dialógica y primaria del lenguaje —po-dríamos llamarla lírica— libera tensiones afectivas y recurre a la participación del oyente para intensificar su efecto catártico. La segunda —podríamos llamarla dramática— intenta ejercer in-fluencia sobre el interlocutor para dirigir su atención o modificar su conducta. La tercera —podríamos llamarla épica— informa mediante descripción de situaciones, narración de acontecimien-tos o exposición de pensamientos, y lo importante en ella no es ni el estado de ánimo del hablante, ni el efecto a producir en el oyente, sino la transmisión de contenidos mentales.

Las dos primeras pueden servirse del lenguaje en forma lacónica, elíptica, interjectiva; pero la tercera pone en juego ne-cesariamente el acervo léxico-morfológico y sintáctico.

Aun cuando pueden aislarse y distinguirse perfectamente y se presentan muchas veces en toda pureza, estas tres funciones por lo general se interpenetran, porque la actividad lingüística pone en juego no solo una parte, sino la totalidad del psiquismo. Así, una narración, además de trasmitir información, puede ser-vir al hablante para liberarse de tensiones afectivas o para influir sobre los oyentes; viceversa, la expresión de las emociones y las manifestaciones de la voluntad imperativa se hacen con palabras cuyo contenido suministra información.

Con respecto a la interrogación, a la cual no nos habíamos referido hasta ahora, es indudable que pertenece a la segunda

---

121 Friedrich Kainz, *óp. cit.*, Tomo I, III Hauptstück, pp. 172-266.

función pero presenta características singulares: es la última que aparece en la adquisición del lenguaje por parte del niño; este puede ya entre los nueve y los doce meses expresar sus necesidades en forma imperativa, entre los catorce y los quince meses puede nombrar los objetos que lo rodean con palabras articuladas pero las preguntas más elementales se hacen esperar hasta el fin del segundo año de vida por lo menos; es cuando un niño puede interrogar que se le considera en posesión del lenguaje.[122] En los casos de afasia progresiva la función interrogativa es la primera que desaparece, lo cual demuestra, según Gelb, su tardía y elevada adquisición filogenética.[123] Para Kainz, el orden de estratificación genética de las funciones lingüísticas es el siguiente: primero la interjectiva, luego la imperativa, después la indicativa-informativa, y por último la interrogativa.[124]

No se sabe de ningún animal que pueda hacer preguntas; debe interpretarse como *boutade* la referencia de Locke a un loro que sabía interrogar.[125] Tampoco saben hablar los loros, como bien dice Delacroix, «... no se trata de lenguaje, sino de algunos reflejos condicionados verbales».[126] Sírvanos este loro de transición para tratar algunos aspectos del «lenguaje» de los animales.

La mayoría de los animales puede emitir sonidos, que son o bien expresivos de agitación orgánica o bien concomitantes de movimientos corporales. El conjunto de estos sonidos constitu-

---

122 Géza Révész, *Ursprung und Vorgeschichte der Sprache*, 1946, p. 142.
123 Adhémar Gelb, *Zur medizinischen Psychologie und philosophischen Anthropologie*, Acta Psichologica 3, 1937, Nº 193, p. 233.
124 Friedrich Kainz, *óp. cit.*, tomo II, p. 317.
125 Jhon Locke, *An Essay Concerning Human Understanding*, 1690, cap. II.
126 Henri Delacroix, *óp. cit.*, p. 17.

ye, según las especies, sistemas más o menos complejos, pues se trata de sonidos diferenciados, cada uno de los cuales está en relación constante con un tipo determinado de agitación orgánica o de actividad corporal. Estos sonidos son individuales y reflejos, pero pueden influir sobre los demás miembros del grupo en virtud de un fenómeno de resonancia.[127]

Además, los animales sociales se sirven de dispositivos semánticos innatos para ejercer un control mutuo de la conducta. Se trata de señales instintivas que se emiten automáticamente de acuerdo con las necesidades de la relación interindividual y los problemas característicos del *hábitat*.[128]

El lenguaje humano, como ya hemos anotado, cumple también una función expresiva y una función de control social de la conducta; pero al cumplirlas se sirve de palabras articuladas que son símbolos y no reacciones automáticas que surgen de la constitución biológica en forma espontánea, símbolos artificiales construidos por el hombre y en los cuales los síntomas fónicos reflejos y las señales vocales instintivas no son sino material para el trabajo creador de la articulación deliberada, aun las reacciones verbales automáticas del hombre están mediatizadas culturalmente. Un inglés dice *ouch!*, cuando se golpea el dedo con un martillo mientras clava un clavo y *oops!*, cuando se resbala; es evidente que esas expresiones no son naturales como el bramido de una vaca, sino parte de un acervo lingüístico adquirido culturalmente;[129] nosotros no diríamos eso en las mismas circunstancias.

---

127 *Vide supra*: invariantes glotogónicas.
128 *Vide supra*: *Ibid*.
129 *Cfr.* Edward Sapir, *El lenguaje*, trad. de Margit y Antonio Alatorre, Fondo de Cultura Económica, México, D. F., 1954, pp. 10-12.

Síntomas y señales fónicos no son lenguaje. Hay lenguaje cuando hay simbolización por medio de constructos fónicos.[130] Cuando el hombre, como consecuencia de una tremenda agitación emotiva, o de grandes traumas, o de un estado patológico, queda reducido a síntomas y señales fónicos naturales, puede decirse que ha salido del ámbito lingüístico.

Los animales domesticados responden adecuadamente a palabras emitidas por el hombre; pero su conducta no obedece a una comprensión del símbolo verbal sino a un reflejo condicionado inducido por el adiestramiento. El animal es incapaz de establecer una relación entre palabras y objetos o actividades, lo hace reaccionar una configuración acústica formada por el tono de la voz y una parte de la palabra utilizada, junto con los ademanes del adiestrador y la situación,[131] en ningún caso el significado de la voz utilizada.

Ahora bien, los estudios paleontológicos efectuados hasta hoy demuestran que hubo un tiempo en que no existían *homines sapientes* sobre la tierra y, en consecuencia, tampoco lenguaje como comunicación por medio de símbolos fónicos. Debió este, pues, tener un principio. ¿Surgió de los dispositivos semánticos de los antropoides, cuya existencia anterior a la del *homo sapiens* ha sido demostrada?

Weinert afirmó, con luminoso ingenio, que los animales no hablan no solo porque no pueden, sino también y sobre todo

---

130 *Cfr.* Kainz, *óp. cit.*, tomo I, p. 283 y *vide* su crítica a la interpretación behaviorista del lenguaje, *Ibid.*, pp.56-59.

131 Sobre investigaciones experimentales a este respecto, *vide* Géza Révész, *Die menschlichen Kommunikationsformen und die sogenannte Tiersprache*, en las publicaciones de la Academia Neerlandesa de las Ciencias, Vol. 43, Nº 9, 1943.

porque no tienen nada que decir; sus señales y síntomas fónicos innatos bastan para sus necesidades.[132] ¿Qué característica de la inteligencia humana impone la necesidad de signos artificiales? ¿En qué condiciones se hizo imprescindible el empleo de símbolos conceptuales? Si estas interrogantes se responden, ¿cómo se hizo posible la satisfacción de tal necesidad? ¿Cómo surgió, nació o fue creado el lenguaje?

El problema está planteado. Examinemos los principales intentos que se han hecho para resolverlo, no sin antes hacer notar que el lenguaje es una superestructura.

Erró la psicología de otros tiempos cuando creyó que el lenguaje era una *facultad*; yerra el vulgo cuando se imagina que caminar y hablar son actividades igualmente naturales. El desarrollo orgánico y la maduración funcional capacitan al individuo humano para usar sus sentidos y trasladarse de un lugar a otro; pero el uso del lenguaje (dominio de un idioma) exige mucho más que eso; no pertenece a la herencia biológica, es un bien cultural que ha de ser adquirido con el auxilio de la comunidad.

En la anatomía humana no se encuentra ningún órgano destinado a efectuar funciones lingüísticas: los pulmones, la laringe, la faringe, la tráquea, los labios, la lengua, los dientes, las encías, la cavidad bucal, las fosas nasales tienen como funciones originales los procesos vitales de respiración, masticación, deglución y excreción, y las seguirían teniendo aunque no hubiera lenguaje.[133] Además, los movimientos naturales de esos órganos

---

132 Citado por Kainz, *óp. cit.*, tomo I, p. 325.
133 *Cfr.* Edward Sapir, *óp. cit.*, cap. I; Sapir aplica el concepto de superestructura no solo al aspecto físico-periférico, sino también al psíquico central de las

no tienen por finalidad la producción de sonidos articulados; estos resultan de modificaciones y extensiones artificiales de aquellos.[134]

El lenguaje es, pues, una superestructura, una actividad que se sobrepone a órganos y funciones naturales obteniendo de ellos los instrumentos y el material fónico para construir y manejar un sistema de símbolos.

Pensadores de filiación behaviorista ven en el lenguaje una parte de la motricidad que está al servicio del mutuo control de la acción en las relaciones sociales, y en la psicología del lenguaje una parte de la psicología del movimiento.[135] Desde este punto de vista puede imaginarse el origen del lenguaje de la siguiente manera: en un principio el antecesor del hombre efectuaba sus operaciones de expresión y comunicación por medio de movimientos corporales, gestos, acciones mímicas que eran acompañados por sonidos vocales de carácter secundario; lo visual predominaba sobre lo acústico y no fue sino paulatinamente como los *movimientos* fónicos fueron cobrando importancia hasta liberarse de lo mímico-gestual, pero sin dejar de ser movimientos musculares voluntarios o involuntarios de manera que el pensamiento mismo no es sino un hablar subvocálico; hay solo una diferencia de grado de complejidad entre el conjunto de recursos expresivos y comunicativos de los animales y del hombre.

La emancipación de la emisión fónica de su carácter de fenómeno concomitante y su conversión en signo puede imagi-

---

localizaciones cerebrales, *vide* pp. 16-18. Pellsbury- Meader, *óp. cit.*, p. VI. Kainz, *óp. cit.*, tomo I, pp. 275-276.

134 Pillsbury & Meader, *óp. cit.*, *ibid.*

135 *Ibid.*

narse así: Durante un trabajo efectuado en colaboración y cuya ejecución iba acompañada de sonidos vocales involuntarios, alguno de los participantes anticipó el sonido al acto, logrando así, por una parte, evocar el esfuerzo precedente y, por la otra, anunciar el siguiente. Nació de esa manera el primer signo artificial, que pudo ser utilizado más tarde para guiar la acción conjunta y sirvió de eslabón inicial para una creación en cadena de signos del mismo género.[136]

Con respecto a esta teoría, es necesario decir que desconoce la esencial diferencia, el *novum* entrañado en el símbolo cuando se le compara con las manifestaciones de la motricidad; tal desconocimiento es producto del prejuicio behaviorista que niega lo no observable exteriormente y da la primacía a la función imperativa sobre la informativa sin considerar que esta sería imposible sin conceptos, los cuales no son sensorialmente percibibles, sino mentalmente inteligibles. Con respecto al origen sinergético del signo artificial, que hemos ejemplificado con una

---

136 Este experimento de reconstrucción es de Vossler: *Die Greuzen der Sprachsoziologie*, 1923, traducido al español junto con otros ensayos del mismo autor: Karl Vossler, *Filosofía del Lenguaje* (traducción y notas de Amado Alonzo y Raimundo Lida), Edit. Losada, Buenos Aires, 1943, pp. 238-239: «Supongamos que un sonido cualquiera, por ejemplo "mor", acompañaba en épocas primitivas la acción de frotar o la de afilar piedras, sin un sentido especial, tan solo como un sonido de costumbre y de reflejo natural. Esto todavía no era lenguaje. Pero en el momento en que uno de esos aulladores de "mor" que quería ponerse a frotar piedras gritó "mor" antes de hacerlo, para significar con ello que él lo quería hacer o que los otros lo tenían que hacer, eso ya era lenguaje, pues entonces ya representaba nuestro hombre el querer frotar o el tener que frotar, que todavía no era frotar, mediante el sonido habitual o natural de ese frotar. Él transmitió y comenzó lo que se llama una metáfora o permutación o símbolo, que es lo que constituye la esencia de todo pensar idiomático». La primera teoría sinergética sobre el origen del lenguaje fue diseñada por Ludwig Noiré en su obra *Der Ursprung der Sprache*, 1877.

situación imaginaria, es evidente que su concepción encierra un *hysteron proteron*, pues el homínido primitivo, para poder vivir en comunidad y efectuar trabajos colectivos, tenía que usar algún lenguaje como vínculo necesario para la organización social.[137]

Otra teoría sobre el origen del lenguaje lo hace derivar de las interjecciones. Como sabemos, las emisiones fónicas producidas por la agitación orgánica y las de función imperativa, presentes en las especies animales, son muy diferenciadas y su diferenciación no es arbitraria, sino que corresponde constantemente y de manera especializada al tipo de agitación y al resultado que se obtiene en el mutuo control de la conducta. Cuando una de esas emisiones fónicas, que para los efectos de esta teoría podemos llamar interjecciones, fue producida independientemente de su contexto natural, evocó, por asociación de contigüidad, el efecto de que era síntoma o la acción para la cual era señal. Se convirtió así en signo voluntario e intencional, en símbolo verbal, en palabra. La interjección estaba, por decirlo así, preparada para esta transformación, pues implicaba siempre una posición diferente de los órganos articulatorios, prefigurando, en forma natural, la movilidad característica del aparato fonador en la diversificada producción de símbolos verbales.[138]

Esta teoría presupone una especie de actitud lingüística que estaba como esperando cualquier ocasión para manifestarse, presupone la capacidad para servirse del símbolo, el lenguaje antes del lenguaje. Además desconoce, por una parte, que las interjecciones del lenguaje no pueden identificarse con los gritos

---

137 Obsérvese el papel que desempeña en esta teoría la tercera invariante glotogónica, *vide supra*, páginas 64-65.

138 Obsérvese el papel que desempeña en esa teoría las dos primeras invariantes glotogónicas. *Vide supra*, p. 64.

reflejos e instintivos, aunque estos constituyan su prototipo natural y tengan similitud de función; «... los gritos instintivos, en cuanto tales, son prácticamente idénticos en toda la humanidad, del mismo modo como el esqueleto humano o el sistema nervioso son, desde cualquier punto de vista, un rasgo "fino" del organismo humano, es decir, un rasgo que no varía sino de manera muy leve o "accidental"»,[139] mientras que las interjecciones lingüísticas difieren notablemente de un idioma a otro «... porque se han construido con materiales o técnicas históricamente diferentes: las tradiciones lingüísticas respectivas, los sistemas fonéticos y los hábitos de lenguaje» de cada pueblo.[140] Desconoce, por otra parte, que las interjecciones son poco numerosas y de secundaria importancia en el lenguaje; piénsese en la abrumadora mayoría de sustantivos, verbos, adverbios, adjetivos, etc. con respecto a ellas, y en el hecho de que el ejercicio de la función informativa puede prescindir totalmente de su auxilio.

Esta teoría no puede explicar el origen del conjunto de los elementos del habla, mucho menos el de los procedimientos lingüísticos. Como bien dice Sapir, las interjecciones «... constituyen una parte muy reducida y funcionalmente insignificante del vocabulario de los diversos idiomas... En el mejor de los casos, no pasan de ser la orla decorativa de un amplio y complicado tejido».[141]

Otra teoría, la onomatopéyica, explica el origen y desarrollo del lenguaje como gradual evolución de sonidos imitativos. El primitivo candidato a la condición humana (especie de absurdo *ántropos álalos*) se encontraba en un mundo donde casi todos

---

139 Edward Sapir, op.cit., pp. 12-13.
140 *Ibid.*, p.12.
141 *Ibid.*, p. 13. Además, *vide supra*, p. 81.

los entes, de manera endógena o por influjo externo, producían algún tipo de sonido y donde él tenía la tendencia y la capacidad de reproducirlos o imitarlos; los imitó, pues, y lentamente fue construyendo con onomatopeyas un vocabulario cada vez más amplio que le sirvió como instrumento de comunicación con sus congéneres y que el uso milenario fue puliendo y agilizando hasta llegar a los idiomas actuales de la humanidad.[142]

Es imposible no darse cuenta del anacronismo psíquico encerrado en el fundamento de esta teoría y de la anterior: es como si debiéramos imaginarnos un hombre como cualquiera de nosotros que se encontrara de repente sin lenguaje, pero en posesión de las funciones psíquicas características del ser humano actual, y al cual solo le faltara reconstruir su haber léxico con los recursos más inmediatos. Desconoce esta teoría que la adquisición del lenguaje modifica la totalidad del psiquismo, como puede observarse en la aculturación que tiene en la transmisión del idioma su más poderoso instrumento y varía según la naturaleza de este;[143] debería explicar primero cómo llega el ancestro del hombre a estar en condiciones de crear el lenguaje.

Es cierto que existe una tendencia a la imitación, tendencia instintiva que no implica una reproducción intencional de las impresiones acústicas; es una reacción motriz expresiva ante la impresión y conlleva movimientos articulatorios que producen espontáneamente sonidos parecidos a los escuchados.[144] Es cierto también que algunas palabras en todo idioma son de origen

---

142 Nótese el importante papel que desempeña en esta teoría la cuarta invariante glotogónica, *vide supra*, p. 67.
143 *Cfr.* Briceño Guerrero, *óp. cit.*, pp. 88-105.
144 *Vide* Wilhelm Wundt, *Völkerpsychologie*, I. Die Sprache, 1, pp. 346 y ss., apud Kainz, *óp. cit.*, I, p. 296.

onomatopéyico; pero no son onomatopeyas en el sentido estricto de la palabra, son creaciones del hombre en las cuales el material es más o menos onomatopéyico pero la estructura está determinada por las formas que le imprime la voluntad simbólica según el estilo del idioma en que se manifiesta.

Las palabras de origen onomatopéyico no son reproducciones instintivas y automáticas como las onomatopeyas en el sentido estricto del término; poseen el carácter artificial del signo lingüístico.[145] El lenguaje tiende a prescindir del contenido onomatopéyico de las palabras con el objeto de alcanzar la máxima transparencia simbólica, como lo han demostrado las investigaciones experimentales de Kainz sobre la tendencia que él llama exonomatopéyica.[146] Cuando el hablante se vale de recursos onomatopéyicos no es con el objeto de hacerse entender, sino para intensificar el efecto que quiere producir sobre el oyente.[147]

No es cierto que los pueblos «primitivos» se sirvan más de palabras onomatopéyicas que los «civilizados». El inglés y el alemán tienen más palabras de ese tipo que las lenguas de las tribus atabascas, en algunas de las cuales faltan por completo.[148] Tampoco es cierto que los niños tienden a expresarse de preferencia con palabras onomatopéyicas; el estudio de esta cuestión ha demostrado que tales palabras, en su gran mayoría, les han sido enseñadas por los adultos.[149]

---

145 Kainz, *óp. cit.*, I, p. 95.
146 *Ibid.*, pp. 90-91.
147 Briceño Guerrero, *óp. cit.*, pp 75-76.
148 Eduard Sapir, *óp. cit.*, p. 14.
149 Kainz, *óp. cit.*, I, pp. 295 y ss.

Se clasifican a menudo como onomatopéyicas muchas palabras que en realidad no lo son, les presta ese carácter una interpretación tardía y falsa acerca de su origen. Un ejemplo: la palabra *flow* del inglés proviene de una raíz indoeuropea que significa flotar o nadar.[150]

En los llanos de Venezuela hay un pájaro llamado *cristofué*; se explica a los niños que su nombre obedece a que dice esas palabras cuando canta; hay una cierta similitud entre el canto de ese pájaro y las palabras *Cristo fue* pronunciadas en tono alto, pero la voz emitida por el ave ha sido interpretada y reconstruida con palabras ya existentes en la lengua.

Los vocablos que designan directamente el canto de las aves o el grito específico de los animales domésticos también son interpretaciones, signos creados de acuerdo con el genio del idioma y no verdaderas imitaciones. Así, el canto del gallo es *quiquiriquí* en español, los gallos anglosajones según el inglés dicen cook-a-doodle-do; nuestros gatos dicen a todas luces y también en la oscuridad *miau*, los gatos ingleses prefieren decir *miew*; nuestro mejor amigo, el perro, dice guau-guau, el mejor amigo de los neoyorquinos dice *bow-wow*.

En el mejor de los casos, pues, la teoría onomatopéyica explica el origen de los sonidos radicales de algunas palabras; en ningún caso, ni remotamente, el origen del lenguaje.

Una cuarta teoría hace surgir el lenguaje en virtud de una misteriosa relación entre sonidos vocales por una parte y objetos, seres vivos, estados de cosas, movimientos, estados de ánimo y

---

150 Louis H. Gray, *The Foundations of Language*, The Macmillan Company, New York, 1939, p. 276.

pensamientos por la otra. La primera formulación de esta teoría se encuentra en el Cratilo[151] donde Sócrates explica el valor semántico individual de las vocales y consonantes así como de sus combinaciones y se enfrasca sobre esa base en complicados ejercicios etimológicos. La falsedad de esa teoría se pone de manifiesto en la tremenda dificultad que todo helenista encuentra al intentar traducir ese diálogo a cualquier otro idioma, pues los supuestos significados de las letras no funcionan igualmente en las combinaciones fonemáticas de otras lenguas, y aún en griego son discutibles.[152]

Hay algo en esta teoría que ha cautivado a grandes poetas de todos los tiempos. Goethe estaba convencido de que las letras no son arbitrarias, de que están arraigadas en la naturaleza humana, de que corresponden a una especie de alfabeto elemental de los afectos.[153] Baudelaire intentó conscientemente una *alchimie évocatoire* con recursos fónicos; Rimbaud inmortalizó en un soneto su interpretación de las vocales; Mallarmé no fue ajeno a estas búsquedas y Juan Ramón Jiménez pide en un poema que le sea dado «... el nombre mío y tuyo y suyo de las cosas... que mi palabra sea la cosa misma». En la crítica literaria, los letristas han intentado desentrañar el misterio de la poesía mediante un

---

151 Platón, *óp. cit.*, 387 b8-387 d9, 400 dl-405 a5, 404 a7-425 b4, pero especialmente 426 cl-427 d2.

152 Sin embargo, Schleiermacher logró una admirable traducción al alemán, *vide* Platón, *Sämtliche Werke*, en la traducción de Friedrich Schleiermacher, asequible popularmente en 6 tomos de los *Rowohlts Klassiker*, Rowohlt Hamburg, 1957, tomo 2, pp. 123-182.

153 Apud Kainz, *óp. cit.*, I, p. 297. Se sabe de Goethe que cultivó asiduamente las ciencias ocultas. Los tres poetas franceses que se mencionan a continuación fueron poderosamente influidos por el iluminado teósofo Manuel Swedenborg y por Eliphas Levi (*Dogme et rituel de la haute magie*). J. R. Jiménez estaba familiarizado con la tradición poética de los grandes místicos españoles. Podrían multiplicarse los ejemplos.

análisis de las estructuras fonéticas del poema, anotando los tipos de sonidos, su frecuencia y orden de aparición para ponerlos en relación con el efecto estético que causan. En el campo de la psicología no ha cesado el interés por esta cuestión y numerosos experimentos han llevado a resultados muy limitados pero indudables, en el aislamiento del laboratorio y cuando el sujeto del experimento se encuentra en actitud estética y contemplativa.[154] El antropólogo Lévi-Strauss no admite la misteriosa relación natural entre sonido y significado, pero considera probable que «... una vez adoptados, ciertos grupos de sonidos afecten de matices particulares el contenido semántico que les ha sido atribuido».[155]

Si existió una lengua primitiva y sagrada fundada en el acuerdo armónico natural entre sonido, significado y objeto, de la cual han surgido, por degeneración las lenguas actuales, es necesario reconocer que se ha perdido, pues los signos lingüísticos que conocemos son arbitrarios. Esta teoría, de ser cierta, explicaría el origen de un lenguaje hipotético, no del que hablamos todos los días. En este solo explicaría ciertos fenómenos restringidos al campo de la poesía y, quizás al de la magia.[156]

Hay otras teorías que hacen derivar el lenguaje del canto, o de las emisiones fónicas que siguen a los grandes esfuerzos físicos, o de la algazara lúdica de ciertos antropoides, etc.; pero todas adolecen de los mismos defectos que hemos señalado para

---

154 Kainz reseña estos experimentos, *óp. cit.*, I, 125 y ss., 297 y ss.
155 Claude Lévi-Strauss, *Anthropologie Structurale*, Librairie Plon, París, 1958, p. 106.
156 Obsérvese el papel que desempeñan en esta teoría la metáfora fónica y la simbolización verbal descritas arriba como constantes glotogónicas. *Vide supra*, pp. 67-68.

las anteriores: unilateralidad, anacronismo psíquico, *obscurum per obscurius*, círculo vicioso, *hysteron proteron*.

Todas estas teorías parten de un estadio prelingüístico, por lo tanto prehumano, y tratan de explicar la adquisición del lenguaje, es decir, la humanización. Por eso dijimos al principio que su lugar sistemático, su horizonte es la teoría de la evolución. Ahora bien, los descubrimientos de la paleobiología, de la paleoantropología, de la paleontología, de la geología y de la geocronología no permiten reconstruir con certidumbre las etapas que, en una perspectiva evolucionista, condujeron de los dispositivos semánticos de los primates, al lenguaje. Además, los mejores intentos de reconstrucción hechos hasta ahora, aún tomados como experimentos intelectuales, carecen de consecuencia lógica y fallan justamente al llegar a las articulaciones que harían comprensible la génesis del lenguaje.

Tomemos un ejemplo, la teoría del famoso paleoantropólogo H. Weinert:[157] el surgimiento del lenguaje es una consecuencia del desarrollo del cerebro y la mano y del dominio del fuego. El hombre es un primate del grupo de los catarrinos junto con el chimpancé y el gorila. Se diferencia de los demás catarrinos por la marcha bípeda erecta y las consecuencias que de ella derivan: transformación de las extremidades anteriores en mano prensil, transformación del hocico en boca humana, desarrollo y especialización del cerebro. El hombre surgió de una familia de primates que ya desde el Terciario se vio forzada, por la influencia de circunstancias catastróficas, a un cambio violento de vida que produjo transformaciones funcionales de las partes

---

157 Hans Weinert, *Der geistige Aufstieg der Menschheit von Ursprung bis zur Gegenwart*, 1940 y *Ursprung der Menschheit*, 1932.

del cuerpo y del psiquismo. Las circunstancias catastróficas se debieron a tremendos cambios geomorfológicos y climáticos que sometieron a los primates a una pavorosa selección en la cual se salvaron solo los que pudieron cambiar su forma de vida. El ancestro del hombre logró salvarse por el desarrollo del cerebro y la mano; el desarrollo del cerebro y la mano posibilitó la conquista del fuego; la posesión del fuego aumentó las necesidades de comunicación; sobre las premisas anatómicas, la necesidad de comunicación engendró el lenguaje; el lenguaje impuso al cerebro esfuerzos nuevos contribuyendo así a su mayor desarrollo y al nacimiento consecuente de la razón; la razón influyó a su vez sobre el desarrollo del lenguaje. Mano, cerebro, lenguaje y fuego significaron humanización.

Estamos ante una serie de afirmaciones cuyos nexos son oscuros; se señalan los resultados evolutivos sin explicar la manera como se produjeron. A este respecto es muy ilustrativo el siguiente diálogo imaginario que Kainz sostiene con Weinert oponiendo, a cada afirmación de este, una pregunta: «—El hombre construye el lenguaje para comunicarse. —Sí, y ¿cómo lo construye? —Utiliza palabras, porque los medios anteriores de comunicación no bastan ya para sus nuevas necesidades. —¿Cómo se convierten en palabras las exclamaciones expresivas e imperativas del animal? —Se experimentó la necesidad de comunicación objetiva y se satisfizo. —¿Cómo se produjo el primer paso en este camino de humanización? —Se concibieron pensamientos abstractos y se comunicaron verbalmente. —¿Cómo se produjo el paso del amorfo ovillo vivencial y del pensamiento por imágenes al pensamiento abstracto y cómo surgió el símbolo lingüístico para el concepto?».[158]

---

158 Kainz, *óp. cit.*, I, p. 324.

Si las etapas indicadas por Weinert fueron efectivamente las que constituyeron el proceso de humanización, su reconstrucción no está plenamente lograda mientras no explique el paso fundamental: la adquisición de la función indicativo-descriptivo-informativa con su instrumento, el símbolo conceptual. Si otros bienes humanos como el vestido y el adorno, la vivienda construida, el uso de instrumentos tienen antecedentes entre los antropoides y Weinert explica su gradual evolución en una cadena ininterrumpida de logros, con mayor razón debería explicar el nacimiento del lenguaje, para el cual no reconoce antecedentes en el reino animal.[159]

El símbolo conceptual y la función indicativo-descriptivo-informativa del lenguaje son de orden completamente diferente a las señales de los animales; estas no son deliberadas sino automáticas y provocadas por otras señales específicas, además se emiten aun en ausencia de los congéneres; «... los animales, aparte del hombre, *no* ajustan sus señales para tener la seguridad de que son recibidas por otros individuos a los que pudieran dirigirse».[160] Paso tan grande sobre abismo tan profundo ha de ser explicado por una teoría que intenta demostrar el origen evoluti-

---

159 Existe un «vocabulario» del «lenguaje» de los monos capuchinos elaborado por Richard Lynch Garner (*Die Sprache der Affen*, trad. al alemán por William Marschal, 1905); otro de los chimpancés por Robert Mearns Yarkes y Blanche W. Learned (*Chimpanzee Intelligence and its Vocal Expression*, 1925); un tercero del de los gibones por Louis Boutan (*Le pseudo-langage*, Actes de la Societé Linéenne a Bordeaux, tomo XVII, 1, 1913); Georg Schwidetzky elaboró sendos «diccionarios» para las lenguas del orangután (*Pongonisch, Urdinarisch, Indogermanisch*, 1936), del lemuariano y del giboniano (*Lemurisch, gibbonisch, europäisch*, 1936), y es autor del famoso libro *Sprechen Sie Schimpansische?*, 1931.
160 Samuel Anthony Barnett, la «expresión de las emociones», en S. A. Barnett y otros, *Un siglo después de Darwin*, Alianza Editorial S. A., Madrid, 1966, tomo 2, El origen del hombre, p. 138.

vo del lenguaje como parte del proceso de hominización de una familia de primates catarrinos.[161]

Los estudios genéticos más recientes sobre mutaciones no tienden a corroborar la aparición de algo tan completamente nuevo y diferente como el lenguaje, y sus premisas anatomofisiológicas, a partir de cambios alélicos de origen catastrófico. Waddington informa: «Decir que los cambios alélicos pueden producir nuevas variaciones de todo tipo no expresa todo lo que sabemos del tema. En primer lugar, una nueva mutación solo puede alterar un carácter que el organismo poseyera en anteriores generaciones. No puede producir la pinza de una langosta en un gato; solo puede alterar el gato de algún modo que lo deje esencialmente gato».[162] La diferencia que existe entre el lenguaje y los sistemas de señales de los antropoides es mayor que la observable entre una pinza de langosta y la pata de un gato.

Valga esto con respecto a la validez formal del intento teórico de reconstrucción como experimento intelectual. Agréguese la imposibilidad de verificarlo científicamente, dada la inaccesibilidad del supuesto período de aparición del lenguaje para los recursos heurísticos actuales. Las pruebas escritas de la existencia del lenguaje se remontan a solo pocos milenios antes de nuestra era; el idioma de Sumer por ejemplo se remonta al

---

161 Abel vio este problema claramente y lo planteó de la siguiente manera: Si el hombre proviene de ancestros catarrinos, debió haber una época en que los ancestros del género humano carecían de lenguaje y de funciones intelectuales como es el caso de los antropoides actuales; ahora bien, el hombre proviene de ancestros catarrinos, ¿cómo llegó al lenguaje y a las funciones intelectuales? *Vide* Othenio Abel, *Die Stellung des Menschen im Armen der Wirbeltiere*, 1931, pp. 361 y ss.

162 Conrad Hal Waddington, *Teorías de la evolución*, en Samuel Anthony Barnett y otros, *óp. cit.*, tomo 1. La evolución, p. 32.

quinto milenio antes de Cristo; aunque con métodos indirectos e inferenciales es posible retroceder a un pasado lingüístico más remoto que no dejó monumentos ni ladrillos escritos, lo máximo que puede lograrse es insignificante con respecto al tiempo que sería necesario retrotransgredir para llegar al propio comienzo del lenguaje: los primeros homínidos, el *Pithecanthropus erectus* y el *Sinanthropus pekinensis*, pertenecen al Pleistoceno inferior y, sin duda, podían hablar, pues conocían (hay pruebas con respecto al segundo) el uso del fuego y de instrumentos y su capacidad craneana (900-000 cm^3) superaba la de los antropoides fósiles y recientes (*Australopithecus* 450 cm^3, gorila 600 cm^3). Los primeros homínidos descendían de ancestros que alcanzaron todos esos logros: la humanización se ubica a fines del Terciario. El Pleistoceno inferior es una fase geológica que terminó cuatrocientos o quinientos milenios antes de nuestra era. El Plioceno, en el cual los ancestros del hombre se apartaron de sus antecesores animales, terminó aproximadamente hace un millón de años.[163]

Los intentos de Trombetti[164] para reconstruir el lenguaje que se hablaba hace cincuenta mil años carecen de rigor metodológico. Lo mismo puede decirse de los trabajos de Schwidetzky[165] para hacer derivar el material fonético de los idiomas actuales de los gritos específicos de diversos tipos de simios.

---

163 Las diferencias en las cifras cronológicas calculadas por diversos autores no influyen sobre nuestro argumento: la imposibilidad de la lingüística para remontarse al origen prehistórico del lenguaje.

164 Alfredo Trombetti, *Unita d'origine del linguaggio*, 1905; Saggi di glottologia comparata, 1908 y ss.; Elementi di glottologia, 1923. Igual crítica puede hacerse a Jacobus van Ginneken, *La reconstruction typologique des langues archaïques de l'humanité*, 1939.

165 Georg Schwidetzky, *vide* nota 159.

En vista de todos los problemas que hemos expuesto y discutido, no es extraño que un psicólogo de la talla de Wundt haya declarado insoluble la cuestión de la génesis evolutiva del lenguaje y haya calificado de vacía ficción a la concepción de un estadio prelingüístico del hombre. Wundt reduce su investigación a los fundamentos: el desarrollo efectivo del lenguaje tal como puede observarse en las lenguas existentes y en el surgimiento de nuevas a partir de otras conocidas; y las cualidades de la consciencia humana, accesibles a nuestra observación, que hacen posible la existencia del lenguaje.[166] Renuncia así a considerar el aspecto genético-evolutivo del problema.

En igual forma se comporta Delacroix, quien considera que «Lenguaje y generalización tienen común origen, derivan ambos del poder de abstraerse de la emoción, de considerar los estados psicológicos como cosas y de establecer relaciones de correspondencia entre esas cosas»,[167] cuando afirma: «Todo lo que la psicología puede decir sobre el origen del lenguaje está contenido en lo que puede decir sobre la relación entre el lenguaje y pensamiento; no sabe nada de un estado en que el hombre no tuviera lenguaje, ni las facultades de donde este proviene».[168]

Sospechamos una sutil ironía en Erich Dürr cuando afirma, incurriendo abiertamente en una *petitio principii*, que la inteligencia del hombre era desde un principio superior a la de los animales y por eso pudo fácilmente establecer una relación simbólica entre sus propios gritos y los objetos o estados de ánimo

---

166 Wundt, *óp. cit.*, I, 2, p. 628 y ss.; I, 1, p. 337.
167 Henri Delacroix, en el trabajo colectivo *Traité de psychologie*, publicado por G. Dumas, 1924, tomo II, pp. 158 y ss.
168 *Ibid.*

que los provocaban.[169] ¿No querría decir con eso que en vez de refugiarse en el *asylum ignorantiae* de las teorías, es mejor quedarse con ella al aire libre?

Toda esta problemática adquiere la dignidad aporética del laberinto cuando se intensifica a la luz de las siguientes observaciones: no se puede imaginar el surgimiento del lenguaje como una serie de logros sucesivos, de conquistas parciales cuya acumulación dio lugar a la totalidad que hoy garantiza nuestra condición humana. La unidad mínima del habla no es el símbolo fónico aislado, sino la frase; es el sentido general quien define la significación de los elementos que el desmonte gramatical ha separado; es más, los signos lingüísticos constituyen un sistema, se delimitan y sostienen mutuamente de manera que cada uno presupone todos los demás.[170]

Esta idea, tan poderosamente desconcertante para todas las teorías evolucionistas sobre el origen del lenguaje, fue formulada por primera vez y de manera admirable por Guillermo de Humboldt: «El lenguaje no puede surgir sino de una vez, o para expresarlo más exactamente, tiene que poseer en cada instante de su existencia aquello que hace de él una totalidad. Por ser la expresión inmediata de un ser orgánico en su doble validez sensorial y mental, el lenguaje comparte la naturaleza de todo lo orgánico, pues en él cada elemento es constituido por los demás y el todo por la fuerza unitaria que lo penetra. Su esencia se repite en él mismo con círculos concéntricos de diferente radio; en la medida en que se basa en la forma gramatical, está presente con unitaria integridad en la oración más sencilla. Cuando se logra

---

169 Criticado acremente por Kainz, *óp. cit.*, I, p. 309.
170 *Cfr.* Briceño Guerrero, op. ci.t, p. 94. Amado Alonso, *Estudios lingüísticos. Temas hispanoamericanos*, Edit. Gredos, Madrid, 1953, pp. 82-84, 97-98.

expresar la más simple relación de ideas con claridad y precisión, está presente allí una totalidad del lenguaje, incluyendo el vocabulario completo, pues la relación entre los más elementales conceptos pone en juego toda la trama categorial del pensamiento; lo positivo exige y presupone lo negativo, la parte al todo, la unidad a la pluralidad, el efecto a la causa, la realidad a la posibilidad y a la necesidad, lo condicionado a lo incondicionado, una dimensión del espacio y del tiempo a la otra, cada estado de ánimo a los que lo limitan».[171]

No se sabe de ninguna lengua incompleta, es decir, que no pueda cumplir alguna de las funciones primarias y secundarias del lenguaje. El estudio de las lenguas de los pueblos llamados primitivos y de los que antecedieron a los pueblos llamados civilizados, demuestra que no son sencillas ni pobres, ni en el léxico ni en la morfología ni en el aparato sintáctico ni en la fonética. Más bien se nota una asombrosa complejidad que resulta difícil para el hablante de cualquier lengua europea moderna. A juzgar por los resultados de la lingüística comparada y por los que la his-

---

171 Wilhelm von Humboldt, *Auswahl von Heinrich Weinstock*, Fischer Bücherei, Frankfurt am Main, 1957, p. 120: "*Es kann die Sprache nicht anders als auf einmal entstehen, oder, um es genauer auszudrücken, sie muss in jefem Augenblick ihres Daseins dasjenige besitzen, was sie zu einem Ganzem macht. Unmittelbarer Aushauch eines organischen Wesens in dessen sinnlicher und geistiger Geltung, teilt sie darin die Natur alles Organischen, dass jedes in ihr nur Ganze durchdringende Kraft besteht. Ihr Wesen wiederholt sich auch immerfort, nurt in engeren und weiteern Kreisen, in ihr selbst; schon in dem einfachen Satze liegt es, soweit es auf grammatischer Form beruht, in vollständiger Eiheit, una da die Verknüpfung der Kategorien des Denkens anregt, das Positive das Negative, des Teil das Ganze, die Einheit die Vielheit, die Wirkung die Ursach, die Wirklichkeit die Möglichkeit und Nortwendigkeit, das Bedingte das Unbedingte, eine Dimension des Raumes und der Zeit die andre, jeder Grad der Empfindung die ihn zunächst umgebenden fordert und herbeiführt, so ist, sobald der Ausdruck der einfachsten Ideeverknüpfund mit Klarheit und Bestimmtheit gelungen ist, auch der Wortfülle nach, ein Ganzes der Sprache vorhanden*".

toria y la prehistoria del lenguaje con métodos directos e indirectos han podido aportar, se puede afirmar que las transformaciones conocidas del lenguaje no han ido de lo más simple a lo más complejo, sino de lo más complejo a lo más simple,[172] y que en todo caso hay una presencia total del lenguaje, pues este es, sin duda alguna, «... un sistema en el cual cada elemento, bien interpretado, se explica por el todo y contiene al todo».[173]

El estudio sobre el origen del lenguaje está ligado también a otro mayor, el de la monogénesis o poligénesis de la especie humana. Con respecto al lenguaje, no se ha obtenido información alguna que incline definitivamente a pensar en una explicación monogenética o poligenética de su origen. La extrema diversidad de familias lingüísticas conocidas y la imposibilidad, hasta ahora, de encontrar en ellas una vinculación genética, inclinaría a suponer una multiplicidad original en diversos lugares y tiempos. Pero, por otra parte, las profundas diferencias que existen actualmente entre las lenguas del grupo indogermánico (verbigracia: entre el inglés y el ruso, entre el sánscrito y el irlandés, entre el armenio y el español), cuyo parentesco genético ha sido demostrado científicamente, permiten conjeturar que todas las

---

172 Esta es la tesis de Otto Jesperson en su obra *Languaje: Its Nature, Development and Origin*, Londres, 1922. Claro está que los períodos inaccesibles a la investigación son inmensos y, por lo tanto, no se puede rechazar formalmente la tesis de Georg von der Gabelentz (*Die Sprachwissenschaft*, 2ª. Ed., Tanschnitz, Leipzig, 1901, pp. 235, 255 y ss). Sobre el desarrollo espiral del lenguaje; este se mueve según él a lo largo de la diagonal de las fuerzas: la tendencia a la economía de esfuerzo y la tendencia a la claridad. Podría ocurrir que, hasta el punto donde alcanza la investigación, las lenguas se encontraran ya en un camino de simplificación después de haber recorrido el camino inverso: pero, ¿cómo determinar el punto de partida de la espiral?, quedamos en el limbo de las hipótesis inverificables.
173 Georg von der Gabelentz, *óp. cit.*, p. 76.

ramas lingüísticas se hayan diferenciado durante milenios, desarrollándose y apartándose de un tronco único.[174] Esta conjetura se ve reforzada por la observable preponderancia del *esprit de clocher* entre los pueblos donde la fijación gráfica y la formación de imperios no han respaldado la tendencia a lo general o «*intercourse*».[175]

Alf Sommerfelt, en ponencia presentada en Moscú, demuestra la unidad fundamental del lenguaje humano y se inclina hacia la monogénesis, pero no se pronuncia definitivamente al respecto y no aporta contribuciones nuevas al problema.[176]

En vista del fracaso más o menos aparatoso, más o menos digno, de los intentos por explicar el origen del lenguaje en una perspectiva evolucionista (en otras perspectivas tampoco han sido felices), surge la siguiente esperanzada pregunta: ¿No habrá algo de parcialmente valioso en cada una de las teorías expuestas, algo que permita un ataque global al problema poniendo en juego todos los recursos heurísticos y etiológicos utilizados en ellas por separado, reuniendo los dispersos relámpagos de ingenio y el inmenso material investigado desde diversos ángulos? Podemos traer a colación un fecundo principio metodológico formulado por Henri Delacroix de la siguiente manera: «No hay hechos independientes; cada categoría de hechos permanece ininteligible mientras se encierre en un estudio especial, pues está ligada a otras que son su razón

---

174 Louis H. Gray, *óp. cit.*, pp. 40-41.
175 Estas categorías son saussurianas, *vide* Ferdinand de Saussure *Cours de lingüistique générale*, 2a. Ed., París, 1922, pp. 281 y ss.
176 Alf Sommerfelt, *Les bases comunes du langage humain*, ponencia aprobada en la Reunión de Expertos sobre los Aspectos Biológicos de la Cuestión Racial, celebrada en Moscú, 12-18 de agosto, 1954. UNESCO/SS/RACE/26, París, 1964.

de ser. Debemos aislar los hechos para constatarlos, aproximarlos para comprenderlos».[177]

La empresa propuesta en la esperanzada pregunta y guiada por el principio metodológico aludido ha sido emprendida y llevada hasta sus últimas consecuencias por F. Kainz, quien es fundador de una disciplina científica nueva, designada por él mismo con el nombre de *paleopsicología del lenguaje*. La paleopsicología del lenguaje tiene por objeto la filogénesis del lenguaje en estrecha relación con el proceso de hominización; se sirve de la lingüística comparada, genealógica e histórica, de la lingüística prehistórica, de la prehistoria, de la etnología, de la paleobiología, de la antropología biológica y filosófica, de la anatomía comparada, en la medida en que esas disciplinas pueden arrojar luz sobre la filogénesis del lenguaje y la hominización.[178] Es claro que entre las disciplinas auxiliares desempeña un papel muy especial la psicología genética y comparada, pues estudia cuestiones que arrojan luz sobre la filogénesis del lenguaje, tales como la ontogénesis del lenguaje en el individuo humano, la estructura de los sistemas simbólicos no lingüísticos, los fenómenos de destrucción y reducción progresivas del lenguaje en casos patológicos, el comportamiento lingüístico de los pueblos llamados primitivos y los dispositivos semánticos del reino animal.[179]

Kainz utiliza ampliamente los trabajos paleobiológicos de Abel, las contribuciones de Dubois, Economo, de Crinis, Pieron, etc. a la historia evolutiva del cerebro, las obras de Verworn Graebner, Menghin, Lévy-Brühl, Herman, etc., las investigaciones de Storch sobre las categorías lógicas primitivas y el pen-

---

177 Henri Delacroix, *Le langage et la pensée*, París, 1930, p. 77.
178 F. Kainz, *óp. cit.*, I, p. 267.
179 *Ibid.*

samiento mágico, mítico y arcaico y de Schilder sobre la lógica demónica.[180]

La paleopsicología, de orientación evolucionista, ha contribuido grandemente a la profundización y clarificación de muchas cuestiones relacionadas con el lenguaje, así como al perfeccionamiento del aparato metodológico; pero en lo que respecta a su finalidad principal ha llegado a una certidumbre negativa —por negativa no menos valiosa—: no se puede reconstruir paso a paso el proceso que lleva de los sistemas semánticos de los animales al lenguaje; el acervo de símbolos conceptuales y el uso deliberado, intencional de signos descriptivos, constituyeron un *novum* que no tiene antecedentes, ni siquiera rudimentarios en el reino animal. La antropología física y la paleobiología permiten derivar la forma humana, en constitución corporal, configuración de los huesos y del cráneo, etc., de correspondientes características morfológicas en el reino animal; una cadena ininterrumpida conduce, eslabón a eslabón, desde el *Homo sapiens alluvialis* y *diluvialis*, a través del *Homo primigenius* y del *Pithecanthropus* hasta el *Australopithecus* y *Dryopithecus* y más allá aún hasta los társidos y lemúridos. La paleopsicología no puede hacer lo mismo con el lenguaje, le falta el fundamento factual para explicar el paso a la función descriptiva, *Darstellungsfunktion*.[181]

Según la teoría de la deriva génica, una de las últimas teorías elaboradas en el campo de la Antropología Física (el estudio de los grupos de indios americanos ha ayudado mucho en su elaboración), la frecuencia de los diversos alelos puede variar de una generación a la otra simplemente bajo el efecto del

---

180 *Ibid.*, I, p. 311.
181 *Ibid.*

azar. Se ha notado por ejemplo que, entre dos tribus vecinas, las diferenciaciones morfológicas son a veces mayores que las diferenciaciones serológicas, las cuales pueden llegar a ser nulas. También se verifica la situación inversa. En esto juega un gran papel el factor de la deriva génica, que actúa sobre determinadas tribus *desde su misma formación*, a través de familias extensas o de pequeños grupos, «... determinando discontinuidades que son consecuencia de la variabilidad al azar de las frecuencias génicas, y luego del *aislamiento*. Las investigaciones desvanecen la idea de homogeneidad de poblaciones que se consideraban *a priori* como *panmíticas*».[182]

En una población panmítica, los heterocigóticos tienden a aumentar, mientras que ellos tienden a disminuir en poblaciones aisladas de grupos reducidos donde se verifican uniones consanguíneas. De ahí la importancia de la *homogamia* en esas poblaciones reducidas, lo que representa una *situación de desequilibrio* tal, que favorece una *desviación génica*. (Sin embargo, ciertos autores minimizan la importancia de la homogamia, pues es suficiente que en una sola generación se verifique de nuevo la panmixia para deshacer las proporciones).

Así encontramos que la deriva génica priva más en los grupos pequeños aislados, y está probablemente al origen de las especies en la tierra.

¿Será posible elaborar sobre esta base una nueva teoría del origen del lenguaje? No sería extraño que así ocurriera, ni indeseable; pero quedaría abierta la cuestión de si el lenguaje puede definirse exhaustivamente en términos psicofísicos. Dan mucho

---

182 Dra. Adelaida de Díaz Ungría, *Sobre deriva génica*, publicaciones de la UNESCO, 1965.

que pensar a este respecto las siguientes palabras de Sapir: «Desde el punto de vista fisiológico, el habla es una función adyacente, o, para decirlo con mayor exactitud, un grupo de funciones adyacentes. Aprovecha todos los servicios que puede de ciertos órganos y funciones, nerviosos y musculares, los cuales deben su origen y su existencia a finalidades muy distintas de las lingüísticas,... el lenguaje, en cuanto tal, no se encuentra localizado de manera definida, ni puede estarlo, pues consiste en una relación simbólica peculiar —fisiológicamente arbitraria— entre todos los posibles elementos de la consciencia por una parte, y por otra ciertos otros elementos particulares, localizados en los centros cerebrales y nerviosos, sean auditivos, motores o de otra naturaleza. Si se puede considerar el lenguaje como "localizado" de manera definida en el cerebro, es solo en ese sentido general y sin mucho interés en que se puede decir que están "en el cerebro" todos los aspectos de la consciencia, todo interés humano y toda actividad humana. Por consiguiente, no tenemos más remedio que aceptar el lenguaje como un sistema funcional plenamente formado dentro de la constitución psíquica o "espiritual" del hombre. No podemos definirlo como una entidad en términos puramente psicofísicos, por más que la base psicofísica sea esencial para su funcionamiento en el individuo».[183]

Un siglo después de Darwin debemos, por una parte, reconocer que su influencia ha sido fecunda, pues ha estimulado poderosamente la investigación científica, que en el tema que nos ocupa ha alcanzado niveles nunca logrados con anterioridad, hasta culminar en la paleopsicología del lenguaje; pero, por

---

183 Edward Sapir, *óp. cit.*, pp. 15-17. *Cfr.* F. Kainz, *Zur Frage der Kortikalen Spracheregionen*, separata de *Erkenntnis und Erziehung*, Osterreichischer Bundesverlag, Viena, 1961.

otra parte, debemos declarar que no se ha podido dar ni un solo paso más allá de Darwin.

Su teoría ha cumplido, sin embargo, no solo una función estimuladora del trabajo heurístico de las ciencias, sino también otra más importante quizás: en un mundo desmitificado no debe pensarse que han cesado las causas que dieron origen al mito; las grandes preguntas simbolizadas en el poder de la esfinge continúan aguijoneando al hombre occidental, como aguijonearon al hombre maya o al hombre de cualquier otra cultura; la pregunta por el origen del lenguaje, tan ligada a la pregunta por el origen del hombre encierra en sí toda la fuerza propulsora de los grandes enigmas de la condición humana por debajo y por detrás de las inquietudes y actividades pragmáticas. Darwin creó la gran ficción que oculta y revela, al mismo tiempo, la problemática de los orígenes. La oculta, porque al ser simplificada y divulgada sustituye, en la economía psíquica e intelectual del hombre occidental, los mitos ya endebles de su tradición cumpliendo sus mismas funciones pero de manera cónsona con las representaciones colectivas y la forma de vida de sociedades íntimamente influidas por la técnica científica y por concepciones racionales del mundo; a nivel colectivo hay similitud de función entre el mito y la teoría científica. La revela, porque los pensadores y científicos saben que una teoría es un artefacto transitorio de trabajo y la utilizan sobriamente en la búsqueda de la verdad a sabiendas de que esta es difícil de alcanzar.

En general, puede decirse que hay dos actitudes principales con respecto a las grandes preguntas; la una consiste en acallarlas con pseudorrespuestas, la otra consiste en enfrentarlas y tratar de responderlas auténticamente; a la primera corresponden el mito y la ficción cientificista; a la segunda, por una parte, la reflexión y la búsqueda esotérica que se ocultan en el mito, y, por la otra, la genuina investigación científica de la cual surge por degradación la doctrina cientificista. Dos actitudes universales ante una pregunta permanente.[184]

Los científicos e instituciones científicas que han renunciado a ocuparse del problema del origen del lenguaje no han procedido así porque no les interese o porque no le den importancia, sino porque consideran que, con los recursos metodológicos disponibles en la actualidad, no es posible emprender, con fruto, nuevos estudios al respecto.[185]

---

184 Los ideólogos cientificistas, como parte de su profesión, se burlan del mito sin darse cuenta de que también ellos son constructores de ficciones para el consumo de las multitudes; se asemejan así al hermanito negro del lazarillo de Tormes que como «via a mi madre e a mi blancos y a él no, huya dél con miedo para mi madre y, señalando con el dedo, dezia: "Madre, coco!"». (*La vida del Lazarillo de Tormes*, Espasa-Calpe S.A., Madrid, 1966, p. 71). Las teorías modernas, por ejemplo, sobre el origen del universo no han superado esencialmente a los mitos cosmogónicos y, estéticamente se quedan muy atrás. (*Vide* H. Bondi et. Al., *El origen del universo*, Fondo de Cultura Económica, México, 1962).

185 Un ejemplo, Gray, *óp. cit.*, p. 40. Sobre la teoría de la verificación del Círculo de Viena, aquí aludida, *vide* Hubert Schleichert, *Bemerkungen zur Verifikationstheorie*, Festschrift für Víctor Kraft, Springer-Verlag, Viena, 1960, pp. 159-169.

El lugar sistemático para un enfoque filosófico del origen del lenguaje es la diferencia trascendental.[186] En la historia de la filosofía, la problemática aludida con esta expresión alcanza formulación explícita y tratamiento metódico en Kant. Introduzcámosla con palabras del propio filósofo: «Yo tengo consciencia de mí mismo, es un pensamiento que contiene un doble yo, el yo como sujeto y el yo como objeto. Cómo es posible que yo, al pensar, pueda ser objeto para mí mismo y así me diferencie de mí mismo, es simplemente imposible de explicar, a pesar de que es un hecho indudable; pone de manifiesto, sin embargo, un poder tan superior a la intuición sensorial, que trae como consecuencia, al fundamentar la posibilidad de un entendimiento, nuestra distinción total con respecto al animal, al cual no podemos atribuir la capacidad de decirse *yo* a sí mismo, y nos permite constituir una infinidad de representaciones y conceptos. Pero aquí no se trata de una doble personalidad; solo yo, yo que pienso e intuyo, es la persona; el yo objetivo, observado por mí, es la cosa, al igual que otros objetos fuera de mí. Del yo en el primer significado (sujeto

---

186 La expresión diferencia transcendental es de Erich Heintel, *Herder und die Sprache*, separata de la Philosophische Bibliothek, tomo 248, Felix Meiner Verlag, Hamburg, 1960, p. XXVIII.

de la apercepción), del yo lógico, como representación *a priori*, no se puede conocer nada más, ni su esencia ni su consistencia; es, por decirlo así, lo substancial, lo que queda cuando le quito todos los accidentes, pero al quitárselos no puedo saber nada más de él, porque fueron precisamente los accidentes los que me permitieron conocer su naturaleza. Pero el yo en el segundo significado (sujeto de la percepción), el yo psicológico, la consciencia empírica se presta a un conocimiento múltiple...».[187]

Esa especie de duplicación del yo en la reflexión está probablemente a la base de la anfibología de la palabra *consciencia* en español, que, por una parte, significa darse cuenta, y, por la otra, la voz interior que juzga nuestros actos generalmente para

---

187 Immanuel Kant, *Werke* (Cassirer), VIII, pp. 248-249. El texto original en alemán reza: Ich bin mir meiner selbst bewusst, ist ein Gedanke, der schon ein zweifaches Ich enthält, das Ich als Subjekt, und das Ich als Objekt. Wie es möglich sei, dass ich, der ich denke, mir selber ein Gegenstand (der Anschauung) sein, und so mich von mir selbst unterscheiden könne, ist schlechterdings unmöglich zu erklären, obwohl es ein unbesweifeltes Faktum ist; es zeigt aber ein über alle Sinnenanschauung so weit erhabenes Vermögen an, dass es, als der Grund der Möglichkeit eines Versstandes, die gänzliche Absonderung von allen Vieh, dem wir das Vermögen, zu sich selbst Ich zu sagen, nicht Ursache haben beizulegen, zur Folge hat, und in eine Unendlichkeit von selbstgemachten Vorstellugen und Begrifen hinaussieht. Es wird dadurch aber nicht eine doppelte Persönlichkeit gemeit, sondern nur Ich, der ich denke und anschaue, ist die Person, das Ich aber des Objektes, was von mir angeschaut wird, ist, gleich anderen Gegenstäden ausser mir, die Sache. Von dem Apperzeption), dem logischen Ich, als Vorstellung a prior, its schlechterdings nichts weiter zu erkennen möglich, was es für ein Wesen, und von welcher Naturbeschaffenjeit es sei; es ist gleichasam, wie das Substanziale, was übrig bleibt, wenn ich alle Accidenzen, die ihm inhärieren, weggelassen habe, das aber schlechterdings gar nicht weiter erkannt werden kann, weil die Accidenzen gerade das waren, woran ich seine Natur erkennen konnte. Das Ich aber in der zweiten Bedeutung (als Subjekt der Perzeption), das psychologische Ich, als empirisches Bewusstsein, ist mannigfacher Erkenntnis fähig...

reprochárnoslos y está asociada con el remordimiento y el sentimiento de culpa; en ambos significados se pone de manifiesto una duplicación del yo, pero el segundo es solo una forma del primero. Otros idiomas tienen vocablos diferentes para cada uno de los dos significados; en alemán, por ejemplo, para el primero se usa la palabra *Bewusstsein*, para el segundo *Gewissen*. En lo sucesivo emplearemos la palabra consciencia solo en su primer significado: darse cuenta.

Observemos que la expresión *darse cuenta* lleva implícita una duplicación del yo: el que da cuenta y el que la recibe. Lo mismo la palabra consciencia: ciencia o conocimiento y algo más en su compañía: un yo conoce, el yo de la percepción, y otro yo presencia esa operación, el yo de la apercepción.

Si a cualquiera se le pregunta ¿qué es usted?, su respuesta encierra inevitablemente un enigma; en todo lo que pueda decir sobre sí mismo aparece como sujeto de sus afirmaciones, pero lo dicho no es él mismo, el hablante, sino su yo visto en el espejo del lenguaje y no en su inmediato modo de ser.

Un elemental experimento introspectivo pone de manifiesto esta problemática: me aíslo en una habitación cerrada y oscura, retiro mi atención de todas las cosas exteriores y la concentro en mí mismo; ante mi consciencia aparecen sensaciones orgánicas, recuerdos, deseos, pensamientos, urgencias, cuadros de la imaginación, fragmentos de poemas; me doy cuenta de que observo todo eso y quiero saber quién soy yo, el observador, el que se da cuenta, vuelvo pues la atención más profundamente hacia mí mismo; ante mi consciencia aparecen las imágenes e ideas que me he hecho de mí mismo, de mis motivaciones, de mi trabajo, de mis aspiraciones de mi constitución física, de mis relaciones con los demás, de mis mecanismos afectivos; me doy cuenta de que observo todo eso y quiero saber quién soy yo, el observador, el que se da cuenta; ante mi consciencia aparecen impresiones cenestésicas, sensaciones viscerales, ideas sobre el papel de los sistemas visceral y neurovegetativo en la integración de la personalidad, ideas sobre la ubicación del yo corporal y del mundo interno en la circunvolución del cíngulo, sobre la ubicación del centro superior de la afectividad en el lóbulo del hipocampo; me doy cuenta de que tengo esas sensaciones y esas ideas y de que puedo observarlas, y quiero saber quién soy yo, el observador, el que se da cuenta, no quiero dejarme arrastrar por esa especie de fuerza centrífuga que me lleva hacia objetos, sensaciones, efectos, recuerdos, imágenes, hermosos fragmentos de poemas, temas musicales, concepciones del hombre y del universo, arquitecturas soñadas, cuadros de la fantasía arrebatada, no quiero dirigirme a la periferia de mi consciencia, quiero dirigirme al centro de mí mismo, al núcleo de mi consciencia, quiero saber quién soy yo, el observador, el que se da cuenta; niego mi atención a todo lo sensorial, afectivo, intelectual, imaginativo, mnésico y descubro que no puedo aprehenderme porque soy pura intencionalidad, actualidad, soy el que soy, en el instantáneo siempre del ahora, por lo general estoy vertido hacia la periferia y acompaño a mis percepciones, conocimientos, actos, sentimientos, pensamientos, pero puedo distanciarme de ellos en la reflexión y convertirlos en objeto de observación y de estudio. Pero al definirme así, con palabras, ya no soy yo, ya he proyectado hacia la periferia de mi conciencia una imagen que pasa a formar parte de los objetos que puedo distanciar aunque su jerarquía sea muy alta.

Hemos recurrido a este experimento introspectivo porque la naturaleza del tema así lo impone, pero también como recurso estilístico para burlar las acechanzas del lenguaje. El lenguaje está orientado pragmáticamente, en su forma ordinaria sirve a los fines de la vida cultural del hombre en sociedad, se adapta a la actitud extrovertida que preside la cotidianeidad. La reflexión, en cambio, es, de cierta manera, antinatural e impone a la lengua esfuerzos y adaptaciones insólitos para los cuales no está preparada (la filosofía es el mundo al revés, decía Hegel). Todas las lenguas históricas son anteriores a los afanes reflexivos sistemáticos de manera que los resultados de estos no encuentran en ellas vehículos apropiados y exigen el recurso a arbitrios que oscilan entre lo metafórico y poético (Bergson), y lo matemático (Leibniz, *ars characteristica universalis*). En la introducción a *Ser y tiempo*, Heidegger, previendo los ataques de que sería objeto su estilo enrevesado e inelegante, anota que para asir al ente en su ser faltan no solo las palabras sino sobre todo la gramática y se remite a ciertos textos del *Parménides* de Platón y al cuarto capítulo del libro séptimo de la *Metafísica* de Aristóteles, en los cuales esos autores se apartaron en forma inaudita del griego contemporáneo, como lo demuestra una comparación de esos textos con cualquier página narrativa de Tucídides.[188] El lenguaje es un vehículo que sirve de tejido conjuntivo a la comunidad y, por tanto, se presta con mayor propiedad a lo que es común.[189]

En el texto kantiano citado, nótese la violencia que se hace a la gramática al decir «... solo yo, yo que pienso e intuyo, es la persona». Por singular coincidencia, el poeta Rimbaud recurre al mismo arbitrio de Kant cuando en una car-

---

188 Martin Heidegger, *Sein und Zeit*, 8a. ed., Tübingen, 1957, pp. 38-39.
189 Briceño Guerrero, *óp. cit.*, p. 83.

ta a Paul Demeny escribe «Car JE est un autre... j'assiste à l'éclosion de ma pensée: je la regarde, je l'ecoute...» (Pues YO es otro... asisto a la eclosión de mi pensamiento: lo miro, lo escucho...).[190] En ambos casos se justifica el atentado contra la gramática. Como bien dice Reininger: «El yo no es el punto más claro, sino el más oscuro de la conciencia.[191] El yo es actualidad, una actualidad que no puede expresarse adecuadamente en palabras, porque al decir el yo, sustantivándolo y anteponiéndole el artículo definido, cae en la categoría de los nombres y se transforma en objeto.

Kant advirtió y temió el equívoco a que lo arrastraba el uso natural de la lengua; por eso, después de plantear la duplicación del yo y su significación como diferencia específica del hombre con respecto a los animales, se apresura a explicar que no se trata de una doble personalidad. Lo temió con razón; ese equívoco pondría en peligro la *diferencia trascendental* sobre la cual se fundamenta todo su sistema filosófico, la diferencia entre la consideración directa de los objetos y la consideración reflexiva del sujeto que los conoce; la diferencia entre la actitud centrífuga dirigida hacia la periferia de la consciencia y la actitud centrípeta dirigida hacia su núcleo; la diferencia entre lo que Schopenhauer

---

190 Arthur Rimbaud, *Oeuvres* (Suzane Bernard), Editions Garnier Freres, París, 1960, p. 345. El resaltado es nuestro. «Car JE est un autre. Si le cuivre s'éveille clairon, il n'y a rien de sa faute. Cela m'est évident: j'assiste a l'éclosion de ma pensée: je la regarde, je l'écoute: je lance un coup d'archet: la symphonie fait son remuement dans les profondeurs, ou vient d'un bond sur la scene.
»Si les vieux imbéciles n'avaient pas trouvé du Moi que la signification fausse, nous n'aurions pas a balayer ces millions de squelettes qui, depuis un temps infini, cont accumulé les produits de leur intelligence, borgnesse, en s'en clamant les auteurs!».
191 Robert Reininger, *Metaphysik der Wirklichkeit*, (2 tomos), Wilhelm Braumüller, Viena, 1947, tomo I, p. 42.

llamaría más tarde *intentio recta e intentio oblicua*.[192] Al distinguir entre dos yoes, el yo como sujeto y el yo como objeto, corría el peligro de que fuesen interpretados como pertenecientes al mismo plano, perdieran la trascendentalidad de su diferencia y el verdadero yo se retirara a un tercer punto al objetivar a los dos anteriores. Al propio Kant, primero en formular y tratar metódicamente la diferencia, le costó escapar del equívoco y las debilidades de su sistema filosófico se deben a cierta oscilación involuntaria en el manejo de las dos actitudes.[193]

No se puede tratar al yo como objeto sin perderlo de vista *ipso facto*; el yo no es una vivencia aislada de cierto tipo junto a las otras, es algo en todas ellas, algo que permite justamente el uso del término vivencia, algo que acompaña en forma anónima todos los actos del hombre y cuya inaprehensibilidad se pone de manifiesto en la reflexión. «Nunca lo conocemos, es él quien conoce siempre dondequiera que algo es conocido».[194]

Leibniz conoció a fondo esta diferencia de enfoque: no es lo mismo pensar sencillamente en un color «... que si yo reflexiono al mismo tiempo sobre ese pensamiento, de la misma manera que el color es diferente del yo que lo piensa»,[195] y supo que una percepción, digámoslo así, en tanto que acto del yo trascendental, no puede ser explicada con los recursos de las ciencias positivas: «Por otra parte, hay que confesar que la percepción y lo que de ella depende es *inexplicable* por *razones mecánicas*, es

---

192 *Cfr.* Arthur Schopenhauer, *Sämtliche Werke* (5 vol.) Cotta-Insel Verlag, Stuttgart/Frankfurt am Main, 1960, vol. I, pp. 73-74 y Nicolai Hartmann, *Der Aufbau der realen Welt*, 1940, página 8.
193 Erich Heintel, *óp. cit.*, p. XXXVII-XLV; *Cfr.* H. Herring, *Das Problem der Affektion bei Kant*, 1953.
194 Arthur Schopenhauer, *óp. cit.*, *ibid.*, p. 34.
195 Gottfried Wilhelm Leibniz, *Philosophische Werke*, (Bucherei y Cassirer), II, p. 413.

decir, por medio de las figuras y de los movimientos. Y si se imagina que existe una máquina, cuya estructura haga pensar, sentir, tener percepción, se podrá concebir agrandada, conservando las mismas proporciones, de tal manera que se pueda entrar en ella como si fuera un molino. Supuesto esto, se hallarán visitándola por dentro, solo piezas que se impulsan las unas a las otras, y nunca nada con qué explicar una percepción».[196]

La *intentio recta* de las ciencias positivas no puede aprehender al sujeto del conocimiento, porque todo conocimiento lo presupone para poder constituirse como tal, está mediatizado por él (*vermittelt*) para decirlo con palabras de Hegel, mientras que él es el sujeto que no tiene la mediación fuera de sí (como todo objeto sobre el cual se reflexiona) sino que es *actu* la mediación misma.[197]

La reflexión trascendental descubre que es ese inaprehensible yo —en la tradición de la filosofía occidental se le ha llamado también entendimiento, logos, alma, espíritu, *cogito*, *nous*, mediación— quien da sentido a la experiencia, no porque cree o determine sus objetos sino porque la hace posible: toda experiencia presupone el centro de conciencia ante el cual se manifiesta. Pero, al mismo tiempo, no puede haber reflexión trascendental sin la experiencia concreta desde la cual se eleva. El yo-intencionalidad es *a priori* en el sentido de que no depende de la experiencia concreta, de la particularidad específica de sus objetos; pero presupone, para constituirse, la totalidad de la experiencia con todos sus objetos. El realismo es aberrante porque

---

196 *Ibid.*, II, 439. La traducción es de Manuel Fuentes Benot, quien utilizó el texto francés original, vide: Leibniz, *Monadología*, Aguilar, Buenos Aires, 1961, p. 31.
197 Wilhelm Friedrich Hegel, *Phänomenologie des Geistes*, Felix Meiner Verlag, Hamburg, 1952, Vorrede, passim, especialmente, p. 30.

hace hipóstasis de la objetividad, olvidando que esta no puede constituirse sino ante la intencionalidad del yo. El idealismo es aberrante porque hace hipóstasis del yo, olvidando que este no puede constituirse sin la totalidad de la experiencia que es fin de su intencionalidad. No llegamos, sin violencia, ni a una cosa en sí, ni a un yo en sí. En todo lo que podamos conocer, pensar, imaginar está presente inevitablemente el yo, y el yo no puede concebirse sin alguna forma de objetividad, de modo que tanto la intencionalidad central como la periferia experiencial son aspectos teóricos de la unidad actual, de la actualidad unitaria del existir.

Por otra parte, al producirse esta potenciación de la consciencia en la reflexión, ya el hombre es hombre, es decir, consciencia en el mundo, mundo que presupone la consciencia, consciencia que presupone al mundo, finitud. No se creó a sí mismo, ni puede darse cuenta de su origen. Y en esa condición, la condición humana, de nada le sirve, auténticamente, ni la invención de transmundos metafísicos o teológicos ni la concepción de realidades en sí. Cuando ha superado la ingenuidad de la infancia, la ilusión de la adolescencia y la mala fe del adulto que se engaña a sí mismo solo le resta dedicarse a sus labores de hombre en la tensa lucidez del instantáneo siempre del ahora. Pero se plantea el problema de su origen al percatarse de su finitud y trascenderla por el acto mismo de reconocerla. «El hombre es animal, pero, a diferencia del animal, no se queda en sus funciones animales como en un *en sí*, sino que toma consciencia de ellas, las conoce y las eleva... a ciencia autoconsciente. Así se libera el hombre de su inmediaticidad *en sí* de tal manera que justamente porque sabe que es animal cesa de ser animal y adquiere el saber de sí mismo como espíritu».[198]

---

198 Wilhelm Friedrich Hegel, *Sämtliche Werke*, (Hermann Glockner), XII, p. 120.

La anterior esquematización de la diferencia trascendental y su dialéctica nos sirve de horizonte para plantear el problema del origen del lenguaje desde un punto de vista filosófico.

El lenguaje es, por una parte, un objeto más de la experiencia y ofrece, como tal, múltiples aspectos accesibles a la *intentio recta* de las ciencias. Así vemos que como sistema fónico es estudiado por la fonética, la fonemática y la fonología; como sistema de signos históricamente desarrollado en el ámbito de una cultura (idioma) es estudiado por la lingüística general, la lingüística histórica, la lingüística comparada, la antropología cultural, la sociología y la psicología social; como conjunto de funciones que involucran el uso de órganos periféricos y la participación del sistema nervioso central es estudiado por la anatomía, la psicobiología, la neurofisiología, y la psicopatología; como relación entre signo y significado es estudiado por la semántica general, la semasiología y la semiótica.

Pero, por otra parte, el lenguaje es también y esencialmente, expresión directa de la intencionalidad central que constituye la experiencia y hace posible cualquier tipo de estudio, incluyendo naturalmente los estudios sobre el lenguaje. Por eso ninguna de las disciplinas mencionadas ni el conjunto de todas agota el hecho lingüístico. Hace falta la *intentio obliqua* de la reflexión filosófica para descubrir su íntima conexión con el hecho central de la condición humana.

No debe pensarse, sin embargo, que la consideración del lenguaje a la luz de la diferencia transcendental da lugar a una nueva disciplina que pudiera ubicarse en el mismo plano y al lado de las disciplinas científicas. Eso sería permanecer en la orientación periférica, radialmente centrífuga de toda consideración objetiva. A lo que da lugar la diferencia trascendental, con el centripetismo de la reflexión, es a la creación de un ámbito, de una dimensión, ámbito de totalidad actual, dimensión de unidad de sentido. El sentido de totalidad unitaria así ganado permite comprender los límites del conocimiento científico al fundamentar su posibilidad hacia enfoques periféricos parciales, pero superándolos en la potenciada autoconsciencia de la intencionalidad central que se trasciende solo en el descubrimiento de su finitud, pues queriendo no tener supuestos ha de suponerse sin embargo a sí misma y suponer el mundo de la experiencia.

Filosóficamente, pues el problema del origen del lenguaje está ligado indisolublemente al problema del origen del yo inaprehensible a que hemos aludido. ¿Podemos penetrar esa existencia inmediata que como mediación se expresa en actividad lingüística mediatizante para constituir el mundo objetivo de la experiencia y la posibilidad de esta? ¿Podemos ir más allá del simple descubrimiento de su finitud en la dialéctica trascendental? ¿Hemos llegado a un *non plus ultra* de la condición humana?

El problema está planteado. No intentaremos aquí el estudio histórico de esa problemática en la tradición occidental. Lo dicho basta para demostrar que el tratamiento científico del tema, con su inevitable orientación periférica y objetiva, no agota ni puede agotar el potencial aporético encerrado en la pregunta por el origen del lenguaje.

Todos los aspectos objetivos del lenguaje pueden ser aclarados con recursos mecánicos fisiológicos y psicológicos, pero su origen es un *milagro*, en el sentido que da Humboldt a esta palabra en este contexto: inexplicable con los recursos mencionados y desconocido para ellos.[199] «De nada serviría conceder milenios y milenios para la invención del lenguaje. El lenguaje no se podría inventar si su tipo no estuviera ya en el entendimiento humano. Para que el hombre pueda comprender una sola palabra auténtica, no como emisión fónica sensorialmente percibible, sino como voz articulada portadora de un concepto, tiene que estar en él el lenguaje todo ya integrado...». La verdadera dificultad para una hipotética invención del lenguaje no estaría tanto en la coordinación y subordinación de una multitud de relaciones, «... sino más bien en la insondable profundidad del acto simple del entendimiento que es necesario para producir y comprender cada elemento lingüístico».[200]

La dialéctica de la reflexión trascendental nos permite también comprender cómo los pueblos no occidentales, i. e. cuyo tipo de orientación periférica no los llevó a la formación de disciplinas científicas de estilo europeo, pueden alcanzar, en el mito, igual o mayor profundidad que los pensadores occidentales con el aparato conceptual y la mediación teórica de la filosofía. Esto es lo que insinuamos en la exploración mitológica del tema.

Los que han convertido sistemas filosóficos en ideologías para uso de políticos o sacerdotes, sin haber comprendido, ni siquiera sospechado su intrínseco dinamismo aporético, ignoran que los grandes pensadores occidentales, en sus momentos de más intensa lucidez, se aproximan, con inconfundible aire de familia, al iluminado brujo que cuenta mitos junto a la hoguera, y al chamán.

---

199 Wilhelm von Humboldt, *Sprachphilosophische Werke*, (Steinthal) 1884, p. 137.
200 Wilhelm von Humboldt, Auswahl, *ibid.*, páginas 121-122.

CONTENIDO

Colección
Jonuel Brigue

www.ingramcontent.com/pod-product-compliance
Lightning Source LLC
Chambersburg PA
CBHW020128180726
47992CB00020B/2549